Elaine Schnee & Ines Schneider

Aufgepeppt & selbst gebaut

Kleinmöbel und Wohnraumaccessoires

Inhaltsverzeichnis

Liebe Heimwerkerinnen und Heimwerker,

Einrichten, Renovieren, Heimwerken und Dekorieren ist unsere Leidenschaft. So arbeiten wir bereits seit 2004 erfolgreich mit viel Spaß als Deko-Team zusammen und verwandeln im Rahmen unserer Fernsehbeiträge Wohnräume in Wohnträume. Dabei verbindet uns das gemeinsame Interesse an kreativen und ungewöhnlichen Ideen. Immer auf der Suche nach neuen Produkten und Techniken spüren wir jeden Wohn-Trend auf und präsentieren ihn wöchentlich via TV einem Millionenpublikum.

Unsere Freude am Heimwerken und unser Interesse am Umgang mit Werkzeugen hat uns den Anreiz gegeben, Ihnen einen praktischen Ratgeber und Ideenlieferanten in Form dieses Buches zusammenzustellen. Hier erfahren Sie alles über die Do-it-yourself-Basics und erhalten zudem viele bunt gemischte Gestaltungsbeispiele für Wohnraumaccessoires und Kleinmöbel zum Selberbauen.

Mit dem Buch möchten wir gerade auch Anfänger ansprechen und dazu animieren, selbst einmal zu Säge und Akkuschrauber zu greifen und sich von der Heimwerker-Leidenschaft anstecken zu lassen, der wir schon längst erlegen sind: Denn nichts macht mehr Spaß, als die eigenen Wohnträume verwirklichen zu können.

Wie spielend leicht das Arbeiten mit dem richtigen Werkzeug und Material sein kann, zeigen wir Ihnen Schritt für Schritt auf der beiliegenden DVD am Beispiel eines multifunktionalen Möbelstücks mit individuellem Charakter.

Wir wünschen Ihnen viel Vergnügen mit dem Buch und gutes Gelingen beim Heimwerken!

Ihre

und

4

Kleine Materialkunde

Zum Möbelbau können Sie auf eine Vielzahl von Materialien zurückgreifen. Holz ist dabei einer der gängigsten und ältesten Werkstoffe. Es gibt allerdings enorme Unterschiede in Qualität, Aussehen und Verarbeitung, die es zu beachten gilt.

Natürliche Hölzer

Die erste Einteilung, die Sie bei Holzwerkstoffen vornehmen können, ist die Einteilung in natürliche und industriell gefertigte Hölzer.
Unter natürlichen Hölzern versteht man Latten, Bretter oder Balken, die aus einem Stück Holz gefertigt sind. Diese Voll- oder Massivhölzer gibt es in ganz unterschiedlichen Qualitäten zu kaufen. Bauholz beispielsweise ist sehr günstig, muss aber meist noch bearbeitet werden. Achten Sie darauf, dass das Holz schon gehobelt ist, dann sparen Sie sich einen wichtigen Arbeitsschritt.
Vollholz gibt es in den unterschiedlichsten Farben und Maserungen, je nachdem von welchem Baum es stammt. Lassen Sie sich bei Ihrer Wahl aber nicht nur von der Optik beeinflussen. Wichtig für die Bearbeitung und das Ergebnis sind auch die Eigenschaften des Materials. Kiefer z. B. ist ein weiches Holz, daher auch leicht zu verarbeiten und gut fürs Heimwerken geeignet.
Vollholz ist vor allem deshalb beliebt, weil es herrlich duftet und durch die Maserung besonders interessant aussieht. Vergessen Sie aber nicht, dass natürliches Holz immer kleine Schönheitsfehler wie Astlöcher oder harzige Stellen besitzen kann und die Oberfläche einer regelmäßigen Pflege bedarf. Vollholz ist ein „lebendiger" Rohstoff und kann sich im Laufe der Zeit verziehen.

Leimholz

Ein Bindeglied zwischen den natürlichen und künstlichen Holzwerkstoffen ist das so genannte Leimholz, das auf den ersten Blick kaum vom Vollholz zu unterscheiden ist. Hier werden Stäbe aus Massivholz miteinander zu Platten verleimt. Das sorgt für Stabilität und das Holz bleibt immer in Form. Außerdem ist Leimholz frei von Schönheitsmängeln wie Astlöchern etc. und daher gut für den Do-it-yourself-Möbelbau geeignet.

Industriell gefertigte Holzplatten

Bei industriell gefertigten Holzplatten handelt es sich um ein Recyclingprodukt, da viele Reste wie Holzspäne aus der Holzindustrie verarbeitet werden. Aber nicht nur aus ökologischer Sicht haben diese Holzwerkstoffe einiges zu bieten: Sie sind meistens günstiger als Massivholz und für jeden Bedarf optimiert. So bestehen Multiplexplatten z. B. aus mindestens fünf gepressten Lagen und halten auch extremen Belastungen stand. Besonders beliebt bei Heimwerkern sind die vielseitigen MDF-Platten (= mitteldichte Faserplatten), die durch ihre hohe Materialdichte eine extreme Festigkeit besitzen. Im Gegensatz zu Vollholz können sie sich nicht mehr verziehen und reißen beim Sägen nicht aus. Schleif- und Fräsarbeiten gehen leicht von der Hand und Nägel und Schrauben halten ohne Probleme. Wegen ihrer glatten Oberfläche müssen die Platten so gut wie nicht mehr geschliffen werden und eignen sich besonders gut zum Lackieren.

Kunststoff

Eine immer bedeutender werdende Alternative zum Holz ist Kunststoff, wie z. B. Acrylglas. Es ist extrem widerstandsfähig, lichtdurchlässig und trotzt selbst der schlimmsten Witterung. Acrylglas ist in verschiedenen Farben und mit diversen Oberflächenstrukturen erhältlich. Verglichen mit Holz ist die Bearbeitung nicht ganz so leicht, weil Kunststoff schnell reißen kann. Benutzen Sie deshalb unbedingt Werkzeug, das auf das Material abgestimmt ist.

5

Sicherheitsaspekte beim Heimwerken

Egal, ob Anfänger oder Fortgeschrittener, beim Heimwerken sollten Sie immer gewisse Vorsichtsmaßnahmen beherzigen, denn Sicherheit geht in der Werkstatt vor:

- Machen Sie sich vor dem Einsatz von elektrischen Werkzeugen mit deren Handhabung vertraut und lesen Sie die Bedienungsanleitungen gut durch.

- Planen Sie genügend Zeit ein, denn unter Druck leiden Ergebnis und Nerven.

- Uhren und Schmuck können beim Arbeiten stören und sollten vorher abgelegt werden. Lange Haare zusammenbinden oder mit einer Kappe bändigen. Das erleichtert die Sicht und ist ein wichtiger Gefahrenschutz, denn Haare können leicht in laufende Maschinen geraten und sich verheddern. Ähnliches gilt für die Kleidung: Sie sollte zwar bequem, aber nicht zu lässig sein, sonst verfängt sich schnell mal ein Ärmel im Gerät.

- Brille und Atemmaske schützen bei allen Arbeiten, bei denen Späne oder Staub anfallen. Gerade Schleifpartikel sind sehr klein und können sich in den Lungen festsetzen. Ohrenschützer bewahren das Trommelfell vor bleibenden Schäden, denn Kreissäge & Co. machen ganz schön Krach.

MIT ABSAUGVORRICHTUNGEN
Mittlerweile gibt es viele Do-it-yourself-Elektrogeräte mit fester oder ansteckbarer Absaugvorrichtung. Ihr Vorteil: Späne oder Staub werden schon während der Arbeit eingesaugt. Das ist nicht nur gut für Ihre Gesundheit, sondern erspart Ihnen auch eine Menge Putzarbeit.

- Fixieren Sie alle Werkstücke mit Schraubstock, Schraubzwingen o. Ä. fest am Werktisch. Wenn sich das Holz während der Bearbeitung bewegt, können Sie mit dem Werkzeug abrutschen und sich ernsthaft verletzen.

- Schalten Sie die Sägen immer ein, bevor das Sägeblatt mit dem Werkstück in Berührung kommt, sonst könnte sich das Sägeblatt verhaken und das Werkstück ausschlagen.

6

Sägen & schleifen

Frisch ans Werk! Vor dem Zusammenbau müssen die Einzelteile zuerst auf die passende Größe bzw. in die richtige Form gebracht werden. Aber welche Säge nimmt man wofür? Und was ist das richtige Sägeblatt? Hier ein kleiner Überblick, welches Gerät sich für welche Arbeiten am besten eignet.

TIPP
Natürlich können Sie beim Möbelbau auch auf Handsägen wie den Fuchsschwanz zurückgreifen, allerdings ist die Arbeit damit ganz schön Kraft raubend und für einen Laien nicht einfach auszuführen.

TIPP
Wenn Sie keine Sägen zu Hause haben, dann fragen Sie im Baumarkt oder beim Schreiner um die Ecke nach, ob man dort das Zusägen für Sie erledigt.

PLANUNG
Vor dem Werkstück steht die Planung. Machen Sie sich klar, was, wie und wofür Sie etwas bauen möchten. Wenn Sie etwas für eine freie Fläche in Ihrer Wohnung bauen wollen, dann sollten Sie diese Fläche vorher ausmessen, um keine bösen Überraschungen zu erleben. Wenn das Möbelstück nämlich zu groß und wuchtig gerät, passt es später womöglich nicht mehr ins Gesamtbild.
Ein nützlicher Helfer ist die altbewährte Skizze. Notieren Sie sich alle relevanten Bauteile und Maße, so verlieren während des Heimwerkens nie den Überblick.

Sägeblätter

Ohne richtiges Sägeblatt geht gar nichts! Je nach Materialart und -dicke brauchen Sie unterschiedliche Sägeblätter. Um Acrylglas sägen zu können, gibt es z. B. spezielle Sägeblätter für Kunststoff. Deshalb sollten Sie sich beim Kauf des Materials erkundigen, welches Sägeblatt am besten geeignet ist.

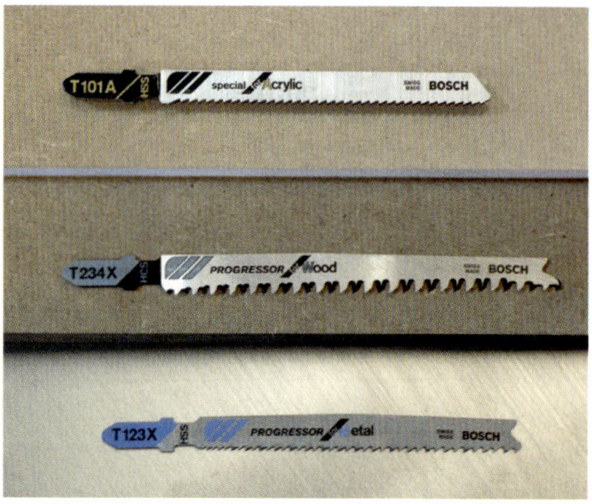

TIPP
Wechseln Sie stumpfe oder beschädigte Blätter sofort aus, sonst kann es schnell zu Verletzungen oder zu Beschädigungen der Maschine kommen!

TIPP
Die Sägeblätter können Sie vor Rost schützen, indem Sie sie ab und zu einölen. Vor dem Sägen muss das Öl allerdings gründlich abgewischt werden, damit es keine hässlichen Flecken auf dem Werkstoff gibt.

Handkreissäge

Die Handkreissäge ist ein Allrounder mit rundem Sägeblatt und – bei guter Führung – sehr gut für exakte, gerade Schnitte geeignet. Das ist ideal, wenn Sie längere Geraden zu sägen haben, wie beim Zuschnitt der MDF-Platten für das Allzweckmöbel (siehe S. 18 ff.). Es empfiehlt sich folgende Vorgehensweise:

- Die Einzelteile auf der Platte ausmessen und einzeichnen.

- Dann den richtigen Abstand der Säge zur Führungsschiene einstellen.

- Die Säge mit beiden Händen führen. So lässt sich der Schnittverlauf perfekt kontrollieren.

TIPP
Setzen Sie das Sägeblatt auf der Seite der Linie an, auf der sich das Reststück/der Verschnitt befindet. So gehen Sie sicher, dass das Bauteil auch nach dem Abschleifen nicht zu klein gerät.

TIPP
Wenn der Druck auf das Werkstück zu hoch ist, kann es passieren, dass die Drehzahl der Säge abfällt. In diesem Fall ziehen Sie die Handkreissäge ein kleines Stück zurück, bis die volle Drehzahl wieder erreicht ist.

PROFI-TIPP VON ELAINE & INES

SÄGEN LEICHT GEMACHT
Für gerade Schnitte ist eine Führungsschiene, der so genannte Parallelanschlag, unerlässlich. Wenn Sie keine Führungsschiene zur Hand haben, dann stellen Sie sich einfach selbst eine her: Eine Leiste nehmen, mit Schraubzwingen in der gewünschten Position am Werkstück befestigen – fertig.

Leichter geht das Sägen außerdem, wenn Sie zwei Leisten unter die zu sägende Holzplatte legen. Diese fungieren wie ein Abstandhalter zur Werkbank und vermeiden, dass Sie in die Werkbank sägen. Diese am besten ebenfalls mit Schraubzwingen fixieren.

Kapp- und Gehrungssäge

Die Kapp- und Gehrungssäge ist eine Sonderform der Kreissäge. Mit ihr können Sie angewinkelte Werkstücke besonders gut zusägen. Das ist z. B. nötig, wenn Sie zwei Einzelteile auf Gehrung miteinander verbinden möchten. Hier ist präzises Arbeiten sehr wichtig, damit die Einzelteile später genau zusammenpassen. Beim Zuschneiden hilft eine Schablone. Dafür eine Leiste am Anschlag der Kapp- und Gehrungssäge fixieren und auf Gehrung sägen. Dieser Schnitt ist eine Markierung, an der das Teil, das zugesägt werden soll, einfach angelegt wird.

MIT GEHRUNG
Unter Gehrung versteht man die Eckverbindung zweier länglicher Werkteile, die in einem Winkel aufeinander stoßen, wie es z. B. bei Bilderrahmen oft der Fall ist. Gehrungen sehen nicht nur dekorativer aus als stumpfe Eckverbindungen, sie sorgen auch für Stabilität des Werkstücks, denn durch die im 45°-Winkel angeschrägten Kanten erhalten die Bauteile eine höhere Auflagefläche.

ES GEHT AUCH MIT KREIS- UND STICHSÄGEN
Um auf Gehrung zu sägen, brauchen Sie nicht zwingend eine Kapp- und Gehrungssäge. Mittlerweile gibt es auch viele Kreis- und Stichsägen, die auf Gehrung eingestellt werden können.

Stichsäge

Dank ihres schmalen Sägeblatts hat die Stichsäge eine große Wendigkeit und legt sich um jede Kurve. Deshalb hat sie sich gerade bei filigranen Sägearbeiten bewährt. Das Sägeblatt bewegt sich (im Gegensatz zur Kreissäge) auf und ab oder pendelt (Pendelhub). Die Stichsäge wird mit bis zu 8 cm dickem Holz (bei leistungsstarken Sägen sogar bis 10 cm) genauso fertig wie mit Acrylglas. Beim Arbeiten mit der Stichsäge bitte folgendes beachten:

- Während des Arbeitens muss der Fuß der Säge fest auf der Platte aufliegen. So lässt sich die Säge ganz leicht an der vorgezeichneten Linie entlangführen.
- Die Stichsäge immer erst aus dem Holz oder Kunststoff ziehen, wenn sie ausgeschaltet und vollständig zum Stillstand gekommen ist.
- Bei längeren, geraden Schnitten ebenfalls eine Führungsschiene benutzen.
- Runde Formen lassen sich mit einem speziellen Sägeblatt, das etwas kürzer und dünner ist, ganz einfach aussägen.
- Kreisrunde Ausschnitte sind gerade für Ungeübte etwas knifflig. Meistens müssen hier die Ränder des ausgesägten Stücks mit der Hand nachgehobelt werden. Einfacher geht's mit einem Kreisschneider. Der funktioniert nach dem Prinzip eines Zirkels und ermöglicht exakte Kreise, ganz ohne Ecken und Kanten.

TIPP
Um enge Kurven oder Ecken kommt die Stichsäge nicht so einfach herum. Hier können Sie mit dem Bohrer ein Loch in die betreffende Stelle bohren, die Säge an diesem Loch neu ansetzen und problemlos in die neue Richtung weitersägen.

Schleifgerät

An den Stellen, an denen Holz gesägt wird, stellen sich die Holzfasern auf und die Oberfläche wird rau. Um Verletzungen zu vermeiden, müssen Sie nach dem Sägen die Kanten des Holzes glattschleifen. Auch beim Anstrich ist ein Schleifgerät unverzichtbar, denn wenn das Holz angeraut ist, wird der Farbauftrag schön gleichmäßig und die Farbe hält besser. Für den Hausgebrauch und die Gestaltungsideen in diesem Buch reicht ein multifunktionales Schleifgerät vollkommen aus, denn der Tausendsassa meistert sowohl große Flächen als auch knifflige Ecken und Kanten. Dabei folgendes beachten:

- Schleifpapier ist in nahezu jeder Körnung, von ganz grob bis besonders fein, erhältlich. Den Körnungsgrad können Sie auf der Rückseite des Schleifmittels ablesen. Dabei gilt: je höher die Zahl, desto feiner das Schleifpapier. Bei der Holzbearbeitung reicht normalerweise 80er- bis 180er-Papier, bei Zwischenschliffen von Lack 220er- bis 240er-Papier.

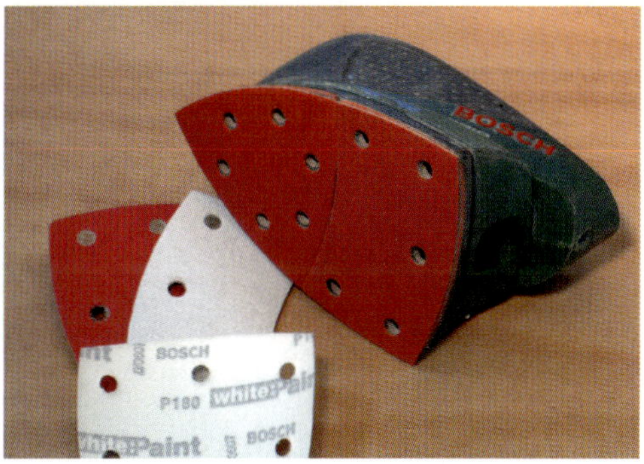

- Bei mehreren Schleifgängen immer mit dem gröbsten Schleifgrad anfangen und zum feinen vorarbeiten.

- Immer in Faserrichtung schleifen und nach der Arbeit den anfallenden Staub mit einem Handfeger entfernen.

- Einen vollkommen glatten Schliff erreichen Sie, indem Sie das Holz vorher mit einem nassen Lappen anfeuchten. Dadurch stellen sich die Holzfasern auf und nach dem Trocknen können Sie mit dem Schleifen loslegen.

TIPP

Sie können kleinere Schleifarbeiten auch von Hand ausführen. Dafür wickeln Sie das Schleifpapier um ein Stück Holz oder benutzen einen Schleifklotz, den es zu kaufen gibt.

PROFI-TIPP VON ELAINE & INES

STAUBFREI

Ein Multischleifer mit integriertem Staubsauger ermöglicht Ihnen ein staub- und schmutzfreies Schleifen, denn der anfallende Schmutz wird schon während der Arbeit einfach eingesaugt. Deshalb ist das Gerät auch besonders für Hausstauballergiker geeignet.

10

Holzverbindungen

Holzteile lassen sich auf verschiedene Arten und Weisen miteinander verbinden. Hier stellen wir Ihnen die gängigsten vor.

TIPP
Wenn Sie zu viel Leim genommen haben, kann es sein, dass etwas davon an den Seiten heraustritt. Entfernen Sie den Überschuss vor dem Austrocknen einfach mit einem feuchten Lappen.

Mit Leim

Für Holzverbindungen gibt es speziellen Leim, den Sie entweder unterstützend einsetzen können (z. B. beim Dübeln) oder zum Verbinden von leichten Holzteilen, die aber keine tragende Funktion haben dürfen. Folgendermaßen vorgehen:

- Den Leim dünn auf die Holzteile auftragen.

- Dann auf die geleimten Teile Druck ausüben (z. B. mit Schraubzwingen), bis der Leim getrocknet ist.

Mit Hammer und Nägeln

Die klassische Art, zwei Holzstücke miteinander zu verbinden, ist mit Hammer und Nägeln. Wenn Sie einige Regeln beachten, ist das Arbeiten mit dem Hammer kinderleicht und Sie erhalten sehr stabile und dauerhafte Verbindungen:

- Achten Sie beim Kauf eines Hammers unbedingt auf Qualität (zu erkennen am eingeprägten Sicherheitszeichen, bei minderwertigen Werkzeugen ist ein Qualitätssiegel oft nur aufgeklebt).

- Jeder Heimwerker sollte mindestens zwei verschiedene Hammergrößen in seiner Ausrüstung haben, um unterschiedlich lange Nägel mit passendem Druck ins Holz treiben zu können. Grundsätzlich gilt: schwerer Hammer für große Nägel, leichter Hammer für kleinere Nägel.

- Viele Do-it-yourself-Anfänger begehen den Fehler, zu große Nägel zu verwenden. Die Nagellänge sollten Sie so wählen, dass etwa zwei Drittel der Schaftlänge im haltenden Holzstück sitzt.

- Holzleim zwischen beiden Einzelteilen stabilisiert die Verbindung.

- Schräg versetzt nageln erhöht die Stabilität. Mehrere Nägel nicht innerhalb einer Holzfaser ansetzen, sonst könnte sich das Holz spalten.

- Sollen die Nägel unsichtbar sein, gestauchte oder Senkkopf-Nägel verwenden. Diese mit einem Senkstift/ Nageltreiber tief ins Holz schlagen. Das entstandene Loch mit Holzkitt verschließen, schon ist nichts mehr vom Nagel zu sehen.

TIPP
Wenn Sie einen Nagel wieder entfernen möchten, weil er z. B. krumm eingeschlagen wurde, dann geht das am besten mit einem so genannten Klauenhammer. Der wirkt wie eine Zange und ein Hebel zugleich, sodass Sie nur wenig Kraft aufwenden müssen, um den Nagel herauszuziehen. Allerdings sollten Sie die Oberfläche des Werkstoffs mit einem kleinen Holzstückchen vor Druckstellen schützen.

Mit Akkubohrschrauber und Schrauben

Schrauben sind eine weitere Möglichkeit, zwei Holzstücke (und auch Acrylglas) miteinander zu verbinden. Der große Vorteil von Schrauben ist, dass die Verbindung flexibel ist, d. h., die Schrauben lassen sich problemlos wieder herausdrehen. So können Sie Möbel (z. B. für einen Umzug) in ihre Einzelteile zerlegen und später wieder zusammenbauen. Auch ein Akkubohrschrauber macht sich bezahlt. Bei ihm handelt es sich um eine Sonderform des Akkuschraubers, mit dem Sie tiefere und größere Löcher bohren können, weil er über zwei Gänge verfügt. Für jedes Material und für jede Verbindung gibt es passende Schrauben. Diese unterscheiden sich in der Kopfform, Länge, Gewinde- und Antriebsart. Die nötigen Informationen finden Sie auf der Verpackung.

WISSENSWERT
Unter Antriebsart versteht man die Schlitzform im Kopf der Schraube. Der Schrauber muss der jeweiligen Form angepasst sein. Je mehr Antriebsfläche ein Schraubenkopf hat, desto leichter und vor allem auch gerader lässt sich die Schraube eindrehen. „Schlitz"-Schrauben haben einen Schlitz, „Kreuz"-Schrauben zwei überkreuzte Schlitze und „Torx"-Schrauben eine Sternform.

▸ Für eine optimale Festigkeit sollte die Schraube mehr als doppelt so lang sein wie das zu befestigende Teil. Zu kurz gewählte Schrauben können das Holz auf der Rückseite zum platzen bringen.

▸ Um die Festigkeit der Holzverbindung zu gewährleisten, das Schraubenloch in Größe des Schraubenkerns vorbohren. Dann kann das Holz auch nicht splittern.

▸ Linsenkopfschrauben können Sie nur bis zum Anschlag ins Holz drehen, der Kopf ragt über das Holz heraus. Senkkopfschrauben hingegen können Sie im Holz verschwinden lassen. Dazu müssen Sie allerdings mit einem speziellen Senkkopfbohrer ein trichterförmiges Loch ins Holz bohren, in das der Schraubenkopf dann verschwinden kann.

Mit Dübeln und Holzleim

Holzdübel (meist in zylindrischer Form) werden im Holzbau als Verbindungsstifte zwischen zwei Teilen eingesetzt, oft kommt dabei auch Holzleim mit ins Spiel. Diese Verbindungstechnik kommt vor allem bei schweren oder tragenden Bauteilen (z. B. beim Allzweckkisten-Korpus, siehe S. 18 ff.) zum Einsatz.

Dabei folgendes beachten:

▸ Verwenden Sie Holzdübel mit geriffelter Oberfläche, das garantiert einen gleichmäßigen Leimauftrag und erhöht die Leimfläche.

▸ Die Bauteile, die verdübelt werden sollen, brauchen zunächst Dübellöcher in genau aufeinander liegenden Positionen. Zuerst alle Dübellöcher eines Bauteils bohren, dann spezielle Dübelmarker in die Löcher stecken und das zweite Bauteil passgenau darauf drücken. So ergeben sich automatisch die Markierungen zum Bohren der gegenüberliegenden Dübellöcher.

▸ Die Dübellöcher dürfen nicht zu tief sein, weil sonst keine Stabilität garantiert ist. Ein Abstandshalter verhindert ein zu tiefes Bohren.

▸ Bei MDF-Platten die Dübellöcher etwa 0,1 mm bis 0,2 mm breiter als die Dübel selbst machen, so können die Kanten der Bohrlöcher nicht ausreißen.

▸ Zunächst Holzleim in alle Löcher des einen Holzteils geben und die Holzdübel mit einem Holzhammer hineinschlagen. Danach die Löcher des anderen Holzteils mit Leim füllen, beide Bauteile ineinander stecken und mit einem Hammer und Klopfholz zusammenfügen. Zum Schluss die ineinander gesteckten Bauteile mit Schraubzwingen fixieren, bis der Leim getrocknet ist.

MIT ABSTAND
Wenn Ihre Bohrmaschine keinen Abstandshalter hat, dann bohren Sie durch ein Holzklötzchen, das so lang ist, dass nur noch die Bohrspitze in der richtigen Länge des Dübelloches herausguckt.

12 Gestalten

Es gibt eine Vielzahl von Möglichkeiten, wie Sie (selbst gebaute) Möbel und Gegenstände gestalten und verschönern können. Die wichtigste und häufigste Gestaltungsvariante, gerade von Holz, ist der Einsatz von Lacken. Mit ihnen können Sie Sachen nicht nur effektvoll aufpeppen, sondern auch vor äußeren Einflüssen schützen.

Lasuren und Lacke

Lasuren vermeiden das Austrocknen und schützen das Holz vor Wasser und Schmutz. Im Gegensatz zu Lacken betonen sie die schöne Holzmaserung und decken die Oberflächenstruktur nicht vollkommen ab. Trotz Lasur kann das Material atmen: So kann sich die Feuchtigkeit des Holzes selbst regulieren. Allerdings machen Lasuren die Oberfläche im Unterschied zu Lacken nicht robuster, d. h., wenn die Oberfläche stark in Anspruch genommen wird, sollten Sie sich eher für Lack entscheiden.

Sie können aus einer breiten Palette an Farbnuancen wählen, allerdings sollten Sie immer im Auge behalten, dass der Farbton des Holzes das Farbergebnis mitbestimmt.

Lacke erfüllen neben ihrer Funktion zur Verschönerung die Aufgabe, die Oberfläche von Holz strapazierfähiger zu machen. Bei stark beanspruchten Flächen sollten Sie auf hochglänzenden Kunstharzlack zurückgreifen. Dieser bildet eine sehr harte und widerstandsfähige Oberfläche, hat allerdings einen Lösemittelanteil von bis zu 50 Prozent. Acryllack hat Wasser als Trägerflüssigkeit und ist lösemittelfrei bzw. enthält nur einen geringen Anteil an Lösemitteln. Dadurch ist er, verglichen mit den Kunstharzlacken, viel umweltfreundlicher und schont die Gesundheit. Acryllack trocknet schnell, ist aber nicht so robust.

Achten Sie beim Kauf unbedingt auf Qualität, denn nur mit guter Farbe und passendem Werkzeug werden Sie ein wirklich zufriedenstellendes Ergebnis erzielen. Umwelt- und gesundheitsschonende Lacke zeichnen sich durch bestimmte Gütesiegel aus: So steht der „Blaue Engel" z. B. für Produkte, die verglichen mit anderen Lacken weniger Schadstoffe beinhalten. Bei Lacken, die Sie für Kindermöbel oder Spielzeug verwenden möchten, sollten Sie prüfen, ob sie der DIN EN 71-3 entsprechen. Diese Norm legt fest, dass die Farbe bei Kontakt mit Speichel oder Schweiß keine giftigen Schwermetalle abgibt.

TIPP

In vielen Baumärkten können Sie sich Ihren Wunschfarbton bei Lacken und Lasuren ganz individuell anmischen lassen. Das Tolle: Sie können auch nach Jahren den exakt gleichen Ton nachbestellen.

So geht's

1 Bei Gegenständen, die aufgepeppt werden sollen, zuerst den Altanstrich restlos entfernen, damit der neue Lack optimal halten kann. Besonders hartnäckige Altanstriche können mit Abbeizmittel entfernt werden. Abbeizer sind allerdings ziemlich aggressiv. Sie werden mit einem dicken Pinsel satt aufgetragen. Dann muss das Mittel einwirken (am besten über Nacht, in Frischhaltefolie eingewickelt, damit es nicht eintrocknet). Die gelösten Farbschichten mit einem Spachtel entfernen. Je nach Dicke des Farbauftrags den Vorgang wiederholen.

TIPP
Dünne oder sehr gut erhaltene Anstriche können in manchen Fällen auch überlackiert werden, allerdings sollten Sie auch hier den alten Lack vorher anschleifen, damit der frische Anstrich optimalen Halt findet. Bei kräftigen Altanstrichen empfiehlt sich eine helle Vorstreichfarbe, damit der neue Lack intensiv strahlen kann.

TIPP
Beim Abbeizen sollten Sie Schutzhandschuhe tragen. Achten Sie auf eine ausreichende Durchlüftung und, wenn möglich, nehmen Sie Sodalauge oder Ätznatron, das ist besser für Umwelt und Gesundheit.

2 Risse, Unebenheiten und Löcher im Holz mit Holzspachtel zuspachteln und nach dem Trocknen glattschleifen.

3 Dann das Holz mit Allzweckgrund oder Vorstreichfarbe grundieren. Dazu die Grundierung mit dem Pinsel oder der Rolle auftragen und trocknen lassen.

WISSENSWERT
Unbehandeltes Holz ist ein Werkstoff frisch aus der Natur. Deshalb ist seine Oberfläche auch nicht an allen Stellen gleich beschaffen. Manche Poren saugen mehr, manche weniger Farbe auf. Um ein schönes Farbergebnis zu erzielen, müssen Sie deshalb den Untergrund mit einer Grundierung wie Allzweckgrund vorbehandeln. Beschichtete Holzplatten sollten Sie vor einem Anstrich anschleifen, damit die Farbe Halt findet.

4 Beim Grundieren stellen sich die Holzfasern auf, das Holz wird rau. Deshalb die behandelte Oberfläche wieder glattschleifen. Anfallenden Staub mit einem Handfeger gründlich entfernen.

5 Jetzt können Sie mit dem eigentlichen Anstrich loslegen. Benutzen Sie für den Anstrich Pinsel, die auf den entsprechenden Lack abgestimmt sind. Für wasserlösliche Lacke, also Acryllacke, gibt es spezielle Kunststoffpinsel. Diese haben synthetische Borsten, mit denen Sie den Lack besser aufnehmen können, damit sich die Farbe gleichmäßig verteilen lässt.
Bei Kunstharzlacken sollten Sie auf Pinsel mit Naturhaarborsten zurückgreifen. Rollen erleichtern Ihnen den Auftrag bei größeren Flächen. Beim Lackieren und in der Trockenphase immer für eine ausreichende Belüftung des Raums sorgen. Stellen, die nicht lackiert werden sollen, sorgfältig mit Malerkrepp abdecken und den Krepp entfernen, solange der Lack noch feucht ist. Den Pinsel in den Farbtopf tauchen und abstreifen. Ist zu viel Lack auf dem Pinsel, kann es zu einer Nasenbildung kommen. Zuerst in regelmäßigen Zügen in eine Richtung, anschließend nochmals in Querrichtung streichen. So wird der Farbauftrag schön gleichmäßig. Bei größeren Flächen zur Rolle greifen, allerdings nur, wenn die Fläche auch eben ist. Den Lack vorher in eine Farbwanne füllen, die Rolle eintauchen und vor Benutzung abstreifen. Ist zu viel Farbe auf der Walze, könnte es Spritzer geben. Die Rolle nie am Rand ansetzen, sondern immer etwas daneben oder darunter.
Für die Trocknungszeit die Herstellerangaben beachten.

TIPP
Führen Sie einen zweiten Anstrich durch, wenn der Lack nach dem ersten Auftrag nicht optimal deckt. Dafür müssen Sie zunächst warten, bis der erste Anstrich getrocknet ist, dann die Farbe leicht anschleifen, den Schleifstaub entfernen und nochmals streichen.

TIPP
Greifen Sie beim Lackieren von kleineren Gegenständen auf Sprühlack zurück, der ist leichter zu handhaben, ergibt allerdings nur einen dünnen Farbauftrag.

TIPP
Neben Pinsel und Farbrolle können Sie beim Heimwerken auch schwereres Geschütz auffahren: Es gibt etliche Werkzeuge, mit denen Sie Ihren dekorativen Ideen freien Lauf lassen können. Versuchen Sie es doch z. B. mal mit einer Oberfräse. Mit der können Sie Werkstücken kinderleicht eine ganz neue Optik verleihen.

14

Ein Regal zum Sitzen

Hier wird ein schlichtes Regal seiner aufrechten Position entrückt, aufgepeppt und fungiert nun zusätzlich als bequeme Sitzbank. Das bringt Ihnen viel Stauraum ein und sieht nebenbei auch noch richtig dekorativ aus.

Ein Regal als Sitzbank – warum nicht?

1 Um auf dem Regal bequem sitzen zu können, bekommt es drei Sitzauflagen. Für jede Sitzauflage aus den Holzleisten sieben 42 cm und zwei 37 cm lange Teile sägen und glattschleifen.

2 Die beiden kürzeren Stücke dienen als Unterlage. Darauf die sieben längeren Teile parallel und mit gleichmäßigem Abstand zueinander mit Heißkleber fixieren.

3 Erst vorbohren, dann die Leisten festschrauben.

4 Die Sitzauflagen mit rotem Sprühlack einfärben.

SCHWIERIGKEITSGRAD
ↄↄↄ

ZEITAUFWAND
⏰⏰⏰

KOSTEN
€€€

TIPP
Sorgen Sie beim Arbeiten mit Sprühlack immer für eine ausreichende Lüftung des Raumes. Die Sprühfläche muss sauber und fettfrei sein. Sprühen Sie für einen gleichmäßigen Farbauftrag in Kreuzform, d. h. erst in waagerechter und dann in senkrechter Richtung.

MATERIAL
- Regal in Weiß, 35 cm x 190 cm x 38 cm
- 3 Bilderrahmen in Weiß, 50 cm x 70 cm
- Holzleisten, 2 cm stark, ca. 3 cm breit, 21 x 42 cm und 6 x 37 cm lang
- 3 MDF-Platten, 1 cm stark, ca. 49 cm x 69 cm
- 3 Kissen, 50 cm x 50 cm
- 3 Sitzkissen in Weiß, 37 cm x 37 cm
- 3 Stoffstücke in Rot gemustert, ca. 70 cm x 30 cm
- Sprühlack in Rot
- Filzplättchen
- Bilderhaken
- Schrauben

WERKZEUGE
- Stichsäge
- Akkubohrer
- Akkuschleifer
- Akkutacker
- Heißklebepistole
- Bleistift

5 Damit das Regal nicht verkratzt, kleine Filzplättchen unter die getrockneten Sitzauflagen kleben.

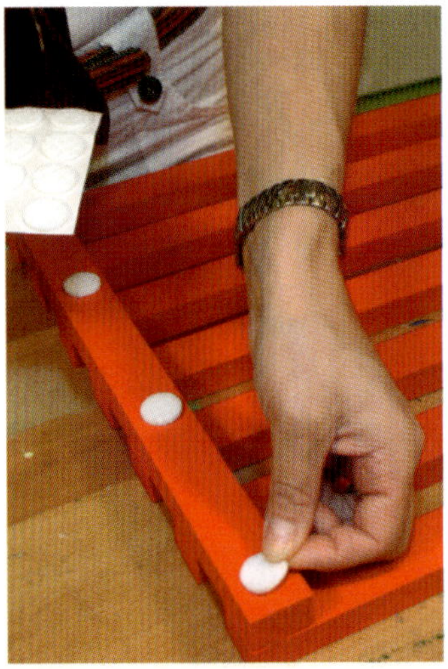

WISSENSWERT
Die Filzplättchen gibt es selbstklebend zu kaufen. Sie sind einfach wie Aufkleber anzubringen.

6 Für die drei Rückenlehnen das Glas und das Passepartout aus den Bilderrahmen entfernen. Die Bildrückwand auf die MDF-Platte legen und abzeichnen. Die MDF-Platte an allen Seiten etwa 5 mm kleiner aussägen als die aufgezeichneten Umrisse und die Kanten glattschleifen.

7 Auf jeder ausgesägten MDF-Platte je ein Kissen festtackern. Dabei das Kissen sehr lang ziehen, damit das auch wirklich passt.

TIPP
Tackern Sie erst das Kissen an den oberen Ecken der Platte fest, ziehen Sie es in die Länge und befestigen Sie es dann in den unteren Ecken. Im Anschluss lassen sich nun ganz leicht die Seiten des Kissens festtackern.

8 Die MDF-Platten mit den Kissen nach unten auf den Stoff legen, diesen an den Ecken einschlagen und mit dem Tacker an der Platte fixieren.

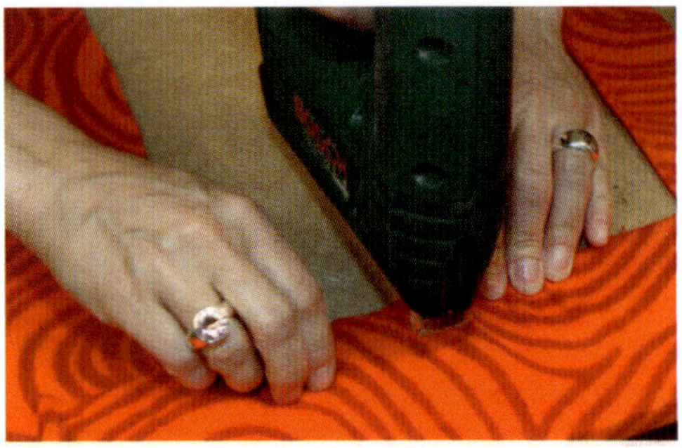

9 Die Bilderrahmen über die bezogenen Platten legen, das „Bild“ umdrehen und die Rückwände wieder einsetzen.

10 Damit die Rückwände halten, seitlich von innen kleine Schrauben in die Rahmen drehen.

11 Am oberen Rand der Rahmen kleine Bilderhaken befestigen.

12 Das Regal an der gewünschten Stelle quer an die Wand stellen, die Sitzauflagen drauflegen und über die Sitzauflagen die Rückenlehnen wie Bilder an der Wand befestigen. Als Finish erhalten die Auflagen noch bequeme Sitzkissen.

TIPP
Bei vielen Bilderrahmen sind Bildaufhänger schon enthalten. Sie können Aufhänger aber auch separat nachkaufen!

18

Allzweckmöbel

Die praktische Fächeraufteilung im Innern dieser Tisch-Kisten-Kombination bietet Ihnen genügend Stauraum für allen möglichen Kleinkram oder für Gegenstände, die Sie sonst nur schwer unterbringen können. Der abnehmbare Deckel steht an allen Seiten etwas über, dadurch wird das Möbel gleichzeitig zum Tischchen, auf dem Ihre Lieblingsdeko Platz findet.

Diese Tisch-Kisten-Kombination hat innere Werte!

1 Sofern die MDF-Platten noch nicht die richtige Größe haben, die Platten für den Boden, den Deckel und die Seitenteile mit Zollstock und Bleistift ausmessen und mit der Handkreissäge zusägen.

2 Die Seitenteile mit der Kapp- und Gehrungssäge auf Gehrung sägen.

TIPP
Stellen Sie die Seitenteile zur Probe auf die Bodenplatte, um zu sehen, ob auch alles passt, und kennzeichnen Sie die Einzelteile mit Zahlen. So verhindern Sie, dass Ihnen beim Bohren ein Fehler unterläuft.

3 Dann jeweils vier Dübellöcher in die langen und drei Löcher in die kurzen Seiten der Bodenplatte bohren.

4 Mithilfe der Dübelmarker die richtigen Stellen für die Bohrlöcher an den Seitenteilen kennzeichnen.

5 Die Seitenteile mit der Unterkante nach oben mit Schraubzwingen an der Werkbank fixieren. Jetzt an den Stellen, an denen die Marker kleine Löcher hinterlassen haben, die Dübellöcher für die Seitenteile einbohren.

MATERIAL
- MDF-Platte, 1,6 cm stark, 78 cm x 54 cm (für den Deckel)
- 2 MDF-Platten, 1,6 cm stark, 68 cm x 44 cm (für den Boden und den Ablageboden)
- 2 MDF-Platten, 1,6 cm stark, 68 cm x 14,5 cm (für die langen Seitenteile)
- 2 MDF-Platten, 1,6 cm stark, 44 cm x 14,5 cm (für die kurzen Seitenteile)
- 4 Kanthölzer, 4,5 cm x 4,5 cm dick, 60 cm lang (für die Beine)
- 2 Leisten, max. 2 cm stark, 64 cm lang (für den Deckel)
- 2 Leisten, ca. 1 cm stark, 3 cm breit, 43 cm lang (für den Ablageboden)
- 2 beschichtete MDF-Platten, 4 mm stark, 64,8 cm x 12,4 cm (für die Innenfächer)
- 3 beschichtete MDF-Platten, 4 mm stark, 40,8 cm x 12,4 cm (für die Innenfächer)
- Allzweckgrund in Weiß
- Acryllack in Saphirblau und Hellblau
- Holzleim
- Holz-Schnellkleber
- Holzspachtel
- Malerkrepp
- Schleifpapier
- geriffelte Holzdübel, 0,8er
- Schrauben

WERKZEUGE
- Handkreissäge
- Kapp- und Gehrungssäge (alternativ: Handkreissäge oder Stichsäge für Gehrungsschnitte)
- Stichsäge
- Akkubohrschrauber mit Senkkopfbohrer
- Akkuschleifer
- Schraubzwingen
- Holzhammer
- Schlagholz
- Hammer
- Standardsatz Pinsel und Rollen (für Acryllack)
- Spachtel
- Zollstock
- Bleistift
- Dübelmarker

19

SCHWIERIGKEITSGRAD
●●●●●

ZEITAUFWAND
⏰⏰⏰⏰⏰

KOSTEN
€€€

TIPP
MDF-Platten sind besonders leicht zu verarbeiten und deshalb bestens für Heimwerker-Neulinge geeignet. Seien Sie allerdings vorsichtig, wenn Sie in die Ränder bohren möchten, die können leicht aufplatzen. Hier empfehlen sich besonders feine Schrauben.

6 Jeweils zwei Löcher in die Gehrungen bohren. Dahinein kommen später zusätzlich Schrauben zur Stabilisierung der Kiste. Dafür die Seitenteile wieder ausspannen und mit der längeren Seite nach oben auf zwei Leisten legen, so dass die Gehrung frei steht und Sie nicht in die Werkbank bohren. Die Löcher mit dem Senkkopfbohrer bearbeiten, damit die Schraubenköpfe nicht hervorstehen.

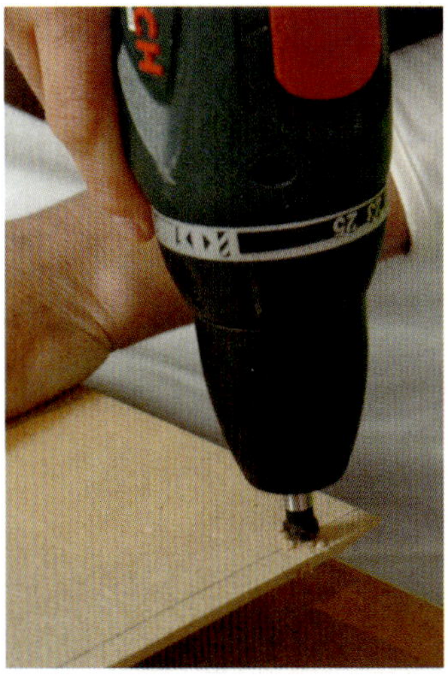

WISSENSWERT
Senkkopfbohrer bohren trichterförmige Löcher ins Holz, in die die Schraubenköpfe „versenkt“ werden können.

7 Die Seitenteile der Reihe nach auf die Arbeitsfläche legen (mit der Gehrung nach oben) und breiten Malerkrepp unter die Schnittkanten kleben. Holzleim auf die Gehrungen geben und die Seitenteile zu einem Rechteck zusammenklappen.

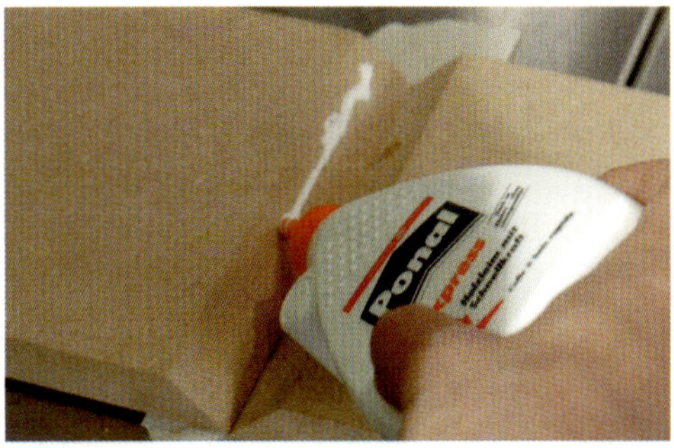

8 Etwas Holzleim in die Löcher in der Bodenplatte geben und die Dübel mit dem Holzhammer darin versenken.

9 Dann die Seitenteile mit den Löchern nach oben auf die Werkbank legen, den verdübelten Boden draufsetzen und mithilfe von Hammer und Schlagholz die Dübel vollständig versenken.

10 Schraubzwingen an der Kiste anbringen, bis der Leim getrocknet ist.

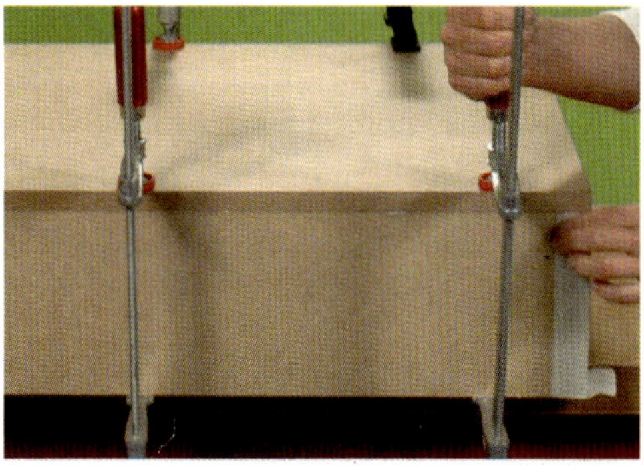

11 Nach dem Trocknen die Seitenteile durch die vorgebohrten Löcher verschrauben.

12 Die Leisten mit einem Abstand von 6,6 cm zum Rand an den langen Seiten des Deckels mit Holz-Schnellkleber fixieren und durch vorgebohrte Löcher festschrauben. Die Leisten sorgen dafür, dass der Deckel nicht verrutschen kann.

13 Für die Aussparungen der Beine im Ablageboden (unten beim Tischchen) ein Kantholz (= Bein) auf die Ecken der MDF-Platte stellen, die Umrisse einzeichnen und mit der Stichsäge aussägen.

14 In die vier Ecken des Kistenbodens Senkkopflöcher bohren und die Kanthölzer als Tischbeine befestigen.

15 An den kurzen Seiten je eine Trägerleiste an den Beinen festschrauben und darauf den Ablageboden legen.

TIPP

Holz-Schnellkleber garantiert ein besonders hohes Klebeergebnis in kürzester Zeit. Alternativ können Sie aber auch Heißkleber zum Fixieren verwenden.

WISSENSWERT

Der Ablageboden dient nicht nur als zusätzlicher Stauraum. Er sorgt auch dafür, dass die Tisch-Kisten-Kombination „standhaft" bleibt und die Beine nicht auseinander knicken oder das Möbel ins Wanken gerät.

16 Die beschichteten MDF-Platten für die Innenfächer mit der Stichsäge zusägen, damit sie ineinander gesteckt werden können. Die langen Platten dreimal bis zur Hälfte in einer Breite von 4 mm einsägen (die Mitten der Kerben liegen bei 11 cm, 22 cm und 33 cm) und die kurzen Platten zweimal bis zur Hälfte einsägen (bei 13,6 cm und 27,2 cm).

17 Die Platten ineinander stecken und in die Kiste stellen.

18 Zunächst aber alle Bohrlöcher mit Holzspachtel füllen und nach dem Trocknen glattschleifen. Das Tischchen überall anschleifen und mit weißem Allzweckgrund vorbehandeln. Dann die Kiste, den Deckel und Ablageboden saphirblau und die Beine und Trägerleisten hellblau lackieren.

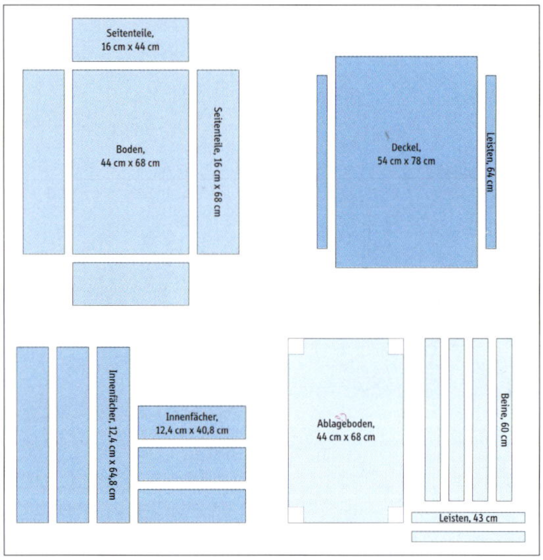

Romantisch im Landhausstil

Wenn Sie den Kistenkorpus erst einmal gebaut haben, dann bietet sich Ihnen eine Vielzahl von Gestaltungsmöglichkeiten. Wie wäre es z. B. mit einer romantischen Kiste im Landhausstil? Der Clou: Statt selbstgebauter Beine können Sie auch fertige nehmen. Die gibt es sogar schon gedrechselt zu kaufen. Den Ablageboden lassen Sie in dem Fall weg.

ZUSÄTZLICHES MATERIAL

- vier weiße Tischbeine im Landhausstil, ca. 60 cm hoch
- Acryllack in Weiß, Hortensie und Mint

ZUSÄTZLICHE WERKZEUGE

- Oberfräse
- Schablone mit Blumenmotiv

1 Den Deckel rundherum mit der Oberfräse bearbeiten, um die Kanten ein wenig abzurunden.

2 Die Kiste und den Deckel in Mint lackieren.

3 Die Schablone mit Malerkrepp auf dem Deckel fixieren und mit dem Stupfpinsel die Blumen weiß und hortensienfarben auftupfen.

TIPP
Kleine Farbausreißer bei den Blumen können Sie einfach mit einem feinen Pinsel übermalen.

4 Zum Schluss die fertigen Tischbeine anschrauben.

24

Asia-Tisch

Dieser niedrige, asiatisch anmutende Tisch kommt in angesagtem Schwarz richtig edel daher – genau richtig für einen gemütlichen Abend zu Zweit. Zu einem besonderen Essen gehört aber immer auch eine besondere Tischdekoration. Und die macht dieser Tisch ganz besonders einfach: In seiner versenkten Regenrinne können Sie verschiedenste Dekoelemente arrangieren, z. B. Blumen und Gräser oder Sand mit Muscheln und Kerzen. Alternativ können Sie die Rinne auch mit Süßigkeiten und leckeren Knabbereien füllen, dann steht einem gemütlichen Fernsehabend nichts mehr im Wege.

Mit asiatischem Touch – guten Appetit!

1 In die Mitte der Tischlerplatte, die als Tischplatte dient, mit Bleistift und Lineal ein Rechteck für einen Ausschnitt in Größe der Regenrinne (ca. 80 cm lang) einzeichnen.

2 Vor dem Sägen in alle vier Ecken des Rechtecks Löcher bohren, dann können Sie die Stichsäge später ganz leicht um die Ecken herumführen. Das Rechteck aussägen und die Kanten glattschleifen.

3 Der Tisch bekommt eine Randverkleidung aus Multiplexholz. Dafür das Multiplexholz mit Schraubzwingen am Werktisch fixieren. Für die Randverkleidung der langen Tischseiten das Holz 100 cm lang und 10 cm breit zusägen, für die kurzen Seiten ebenfalls 10 cm breit und 72 cm lang (hier müssen zu der Länge von 70 cm noch 2 cm hinzugerechnet werden, nämlich zweimal die Dicke des Multiplexholzes). Das Holz nach dem Sägen glattschleifen.

SCHWIERIGKEITSGRAD

ZEITAUFWAND

KOSTEN
€

PROFI-TIPP VON ELAINE & INES

LEICHTER DANK DER FÜHRUNGSSCHIENE

Da die Seitenteile exakt gerade sein müssen, lohnt es sich, eine Führungsschiene anzufertigen. Dafür nehmen Sie einfach eine Leiste und spannen diese mit zwei Schraubzwingen am Multiplexholz fest. So können Sie die Stichsäge immer leicht an die Schiene drücken und sägen automatisch gerade.

MATERIAL
- Tischlerplatte, 2 cm stark, 100 cm x 70 cm
- Multiplexholz, ca. 1 cm stark, 2 x 10 cm x 72 cm, 2 x 10 cm x 100 cm und Rest (für die Verschlusskappen)
- Vierkantholz, 3 cm x 5 cm, 60 cm lang
- Leiste (als Führungsschiene)
- Regenrinne aus Hartplastik, ca. 80 cm lang
- seidenmatter Lack in Schwarz
- Holzisoliergrund
- Blumen
- Nägel ohne Köpfe

WERKZEUGE
- Stichsäge
- Akkubohrer
- Heißklebepistole
- Schraubzwingen
- Standardsatz Pinsel und Rollen
- Hammer
- Edding in Schwarz
- Lineal
- Bleistift

WISSENSWERT
Asiatische Möbel zeichnen sich durch klare, symmetrische Linien aus. Durch die Tradition z. B. beim Essen am Boden zu sitzen, entstanden in Südostasien ganz andere Möbelformen (wie z. B. niedrige Tische) als in Europa.

4 Für die Tischbeine das Vierkantholz in vier 15 cm lange Stücke sägen.

5 Aus dem Multiplexholz Verschlusskappen für die Regenrinne zusägen. Diese dienen dazu, die Regenrinne an den Enden zu verschließen. Das sieht zum einen schöner aus, zum anderen kann kein Dekomaterial (z. B. Dekokies) aus der Ritze rieseln. Dafür die Regenrinne senkrecht auf das Holz stellen und die innere Linie der Rinne mit dem Bleistift abzeichnen. Oben schließt die Kappe waagerecht ab.

6 Damit der Anstrich gut deckt und sich das Holz nicht verzieht, alle Einzelteile mit Holzisoliergrund grundieren.

7 Nach dem Trocknen erhalten die Einzelteile einen Anstrich mit schwarzem Lack.

8 Wenn alles trocken ist, die Vierkanthölzer (Tischbeine) mit Heißkleber an den langen Seitenteilen fixieren. Dabei beachten, dass die Tischbeine jeweils nicht oben mit der Kante abschließen dürfen, sondern um 2 cm (entspricht der Stärke der Tischplatte) nach unten versetzt werden müssen.

9 Dann die Seitenplatte mit einem Nagel an den Tischbeinen festnageln und die Enden der Nägel mit einem schwarzen Edding kaschieren.

NÄGEL OHNE KÖPFE
Nehmen Sie Nägel ohne Köpfe, dann versinken die Nägel ganz im Holz und der Tisch bleibt von außen schön glatt.

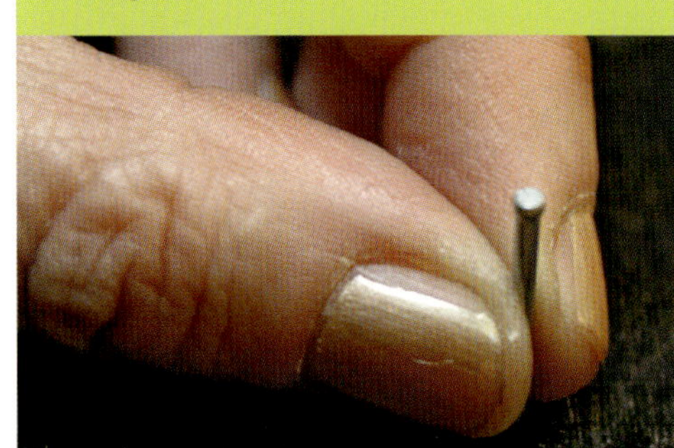

10 Jetzt die Tischplatte verkehrt herum auf die Werkbank legen, etwas Heißkleber auf die Oberseite der Tischbeine geben und die Seitenteile auf der Platte fixieren. Durch das versetzte Anbringen der Tischbeine passen sie perfekt auf die Ecken der Tischplatte.

11 Beim Befestigen der Seitenteile an der Tischplatte kommen wieder Nägel ohne Köpfe ins Spiel. Durch die innen liegenden Tischbeine kann nichts verrutschen.

12 Den Tisch wieder umdrehen und die Regenrinne mit Verschlusskappen in den ausgesägten Ausschnitt legen.

13 Die Verschlusskappen von innen an der Tischplatte festnageln.

14 Zur Dekoration noch ein paar Blumen in die Regenrinne setzen.

HINWEIS
Da dieses Modell etwas schwieriger zu arbeiten ist, finden Sie dazu eine Kurzanleitung auf der beiliegenden DVD.

TIPP
Wählen Sie die Blumen oder andere Dekoelemente farblich passend zu Ihrer Einrichtung. Dadurch ergibt sich ein harmonisches Gesamtbild.

Kirschblüten-Paravent

Dieser Paravent ist mit luftig-leichtem Malervlies bespannt. Auf das Vlies werden frei Hand Kirschblüten gemalt, ein traditionelles japanisches Motiv. So bringt Ihnen dieser Raumteiler fernöstliches Flair in die eigenen vier Wände.

WISSENSWERT
Paravent, spanische Wand oder Stellschirm: So vielfältig wie seine Namen, so vielfältig sind auch die Gestaltungsmöglichkeiten des praktischen Raumteilers. Von poppig bis exotisch – da ist für jeden Geschmack etwas dabei. Basis ist immer ein einfaches Holzgerüst, das mit unterschiedlichen Materialien bespannt wird.

Blickfang und Raumteiler zugleich – ein Paravent.

MATERIAL

- Dachlatten, ca. 5 cm breit, Länge und Anzahl abhängig von der gewünschten Paravent-Größe
- unpigmentiertes Malervlies, Größe abhängig von der gewünschten Paravent-Größe
- Wandfarbe in Schwarz
- Multihobbylack in Weiß, Rosa und Grau
- etwas Wasser (zum Verdünnen)
- Filzstift in Braun
- 6 Scharniere
- Schrauben
- transparentes Klebeband

WERKZEUGE

- Stichsäge
- Akkubohrer
- Akkuschleifer
- Akkutacker
- Pinsel
- Schere
- Lineal
- Bleistift

1 Der Paravent hat drei Flügel, sprich drei Holzrahmen, die durch Scharniere miteinander verbunden werden. Für jeden Flügel zwei kurze und zwei lange Dachlatten zusägen und die raue Holzoberfläche glattschleifen.

2 Die Latten erhalten einen Anstrich mit schwarzer Wandfarbe.

3 Die Maße der Rahmen mit Bleistift und Lineal auf das Malervlies übertragen und dieses mit der Schere ausschneiden. Bei der Größe an den äußeren Rahmenmaßen orientieren.

4 Mit dem Filzstift Äste und mit dem verdünntem Multihobbylack frei Hand Äste und Kirschblüten auf das Vlies malen. Legen Sie dazu die drei Malervliesstücke am besten nebeneinander und malen Sie die Zweige fortlaufend über alle drei Stücke. So ergibt sich ein harmonisches Gesamtbild beim fertigen Paravent.

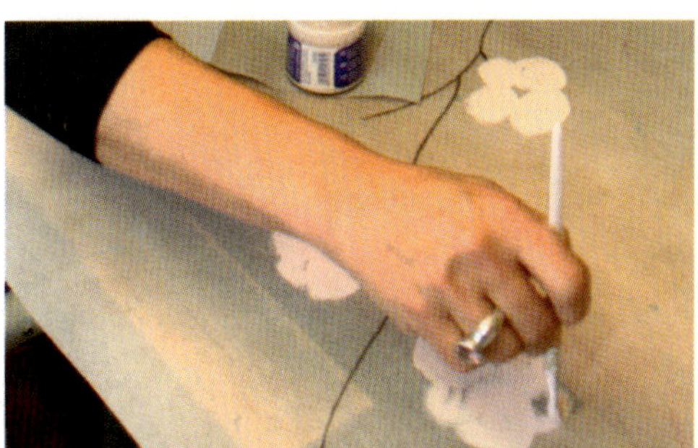

TIPP

Nehmen Sie zum Verdünnen nicht zuviel Wasser, sonst verläuft der Multihobbylack auf dem saugfähigen Vlies.

5 Die rückseitigen Kanten des Malervlies mit Klebeband versehen.

6 Das Vlies an den Rahmen festtackern. Das Klebeband verhindert, dass das empfindliche Malervlies von den Tackernadeln durchschlagen wird.

SCHWIERIGKEITSGRAD

ZEITAUFWAND

KOSTEN

€€€

WISSENSWERT

Die Kirschblüte hat einen hohen Stellenwert in der japanischen Kultur. Sie steht symbolisch für Schönheit, Aufbruch und Vergänglichkeit. Die Zeit der Kirschblüte markiert im japanischen Kalender einen jährlichen Höhepunkt, den Beginn des Frühlings.

Kunterbunte Acrylglasquadrate

Paravents müssen nicht immer edel sein, wie hier zu sehen ist: Dieser modische Raumtrenner ist ein richtiger Hin- und Durchgucker, denn er besteht aus dünnen Acrylglasplatten, durch die Sie hindurchschauen können. Bunt miteinander kombiniert peppen sie jedes Zimmer auf.

TIPP
Die Acrylglasplatten gibt es in vielen unterschiedlichen Farben und Größen zu kaufen.

SCHWIERIGKEITSGRAD

ZEITAUFWAND

KOSTEN

€€€€€

MATERIAL

- Dachlatten, ca. 5 cm breit, Länge und Anzahl abhängig von der gewünschten Paravent-Größe
- 20 Acrylglasplatten in Grün, Türkis und Orange, Größe abhängig von der gewünschten Paravent-Größe
- Wandfarbe in Grün
- 8 Möbelrollen
- 9 Scharniere
- C-Haken
- Ringschrauben
- Schrauben

WERKZEUGE

- Stichsäge
- Akkubohrer
- Akkuschleifer
- Standardsatz Pinsel und Rollen
- Zange
- Zollstock

1 In die vier Ecken jeder Acrylglasplatte kleine Löcher bohren und den Bohrer nach Gebrauch sofort von den Spänen befreien, damit sie nicht aushärten und den Bohrer verkleben.

2 Jeweils fünf Acrylglasplatten mit C-Haken übereinander hängen. An den C-Haken am oberen und unteren Ende zusätzlich Ringschrauben einhängen.

3 Jetzt mit einem Zollstock die Maße der Reihe samt Ringschraubenkopf nehmen. Durch diese Maße ergibt sich dann automatisch die Höhe und Breite der Rahmen.

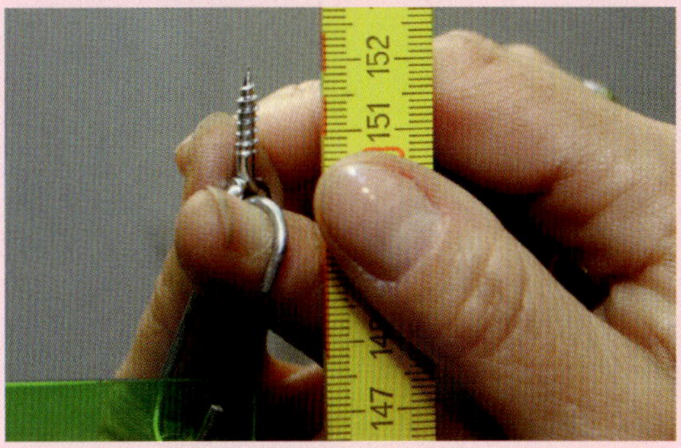

4 Der Acrylglasparavent hat vier Flügel. Dafür die Dachlatten in der errechneten Größe zusägen und die Kanten glattschleifen.

5 Die Latten erhalten einen Anstrich mit grüner Wandfarbe.

6 Nach dem Trocknen die Einzelteile zu vier Rahmen zusammenschrauben.

7 An die Unterseite der Rahmen je zwei Möbelrollen schrauben. Dann die Rahmen mit Scharnieren miteinander verbinden. Bitte am Foto orientieren, wo die Scharniere hinten und wo sie vorne sitzen müssen.

8 Jeweils in die obere und untere Innenseite der Rahmen kleine Löcher vorbohren und die Ringschrauben hineindrehen.

9 Von oben beginnend die einzelnen Acrylglasplatten farblich abwechselnd einhängen.

10 Die Acrylglas-Reihe spannen und die unteren C-Haken so mit der Zange zurechtbiegen, dass sie in die Ringschrauben passen.

32

Flaches Wandregal

Bilder, Vasen oder Sammlerstücke – all diese Dinge, die einem lieb und teuer sind, verdienen einen angemessenen Platz, in dem sie richtig gut zur Geltung kommen können. Eine perfekte Lösung hierfür ist ein selbst gezimmertes, superflaches Wandregal, das je nach Lust und Laune umdekoriert werden kann. Ob im Flur oder im Wohnzimmer, dieses Regal ist überall ein Hingucker – besonders wirkungsvoll vor einer knallig gestrichenen Wand!

Für alles, was Ihnen am Herzen liegt …

1 Die alte Pressspanplatte auf die Größe 180 cm x 80 cm zusägen.

2 Da die Platte einige Unebenheiten hat, die Oberfläche mit dem Akkuschleifer glattschleifen.

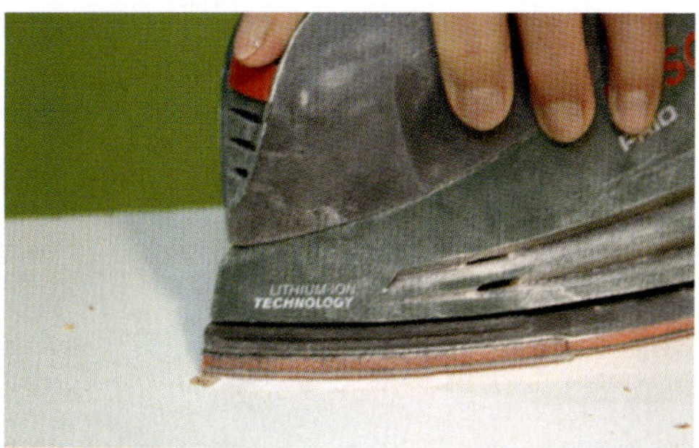

3 Holz-Feinspachtelmasse in die Löcher füllen und mit dem Japanspachtel glatt abziehen. Ist die Masse getrocknet, noch mal drüberschleifen.

4 Aus dem Konstruktionsholz die beiden Seitenteile und fünf Einlegeböden sägen. Das Maß der Einlegeböden berechnet sich dabei aus 80 cm (Breite der Pressspanplatte) abzüglich zweimal der Dicke des Konstruktionsholzes. Die beiden Seitenteile auf 180 cm Länge zurechtsägen (entspricht Höhe der Pressspanplatte). Nach dem Sägen die Kanten glattschleifen.

5 Die Pressspanplatte, die Seitenteile und die Einlegeböden von allen Seiten mit Vorstreichfarbe grundieren.

SCHWIERIGKEITSGRAD

ZEITAUFWAND

KOSTEN
€

WISSENSWERT
Konstruktionsholz ist statisch gesehen von besserer Qualität als Bauholz. Es wird hauptsächlich zur Konstruktion von selbsttragenden Gebäuden und Gerüsten eingesetzt.

WISSENSWERT
Der Japanspachtel besteht aus einem einfach zu biegenden, rechteckigen Metallblatt und eignet sich bestens zum Einarbeiten der Holz-Feinspachtelmasse.

MATERIAL
- große Pressspanplatte (alternativ Holzplatten oder eine alte Tür), 2,5 cm stark, 180 cm x 80 cm
- Konstruktionsholz, 1,8 cm stark, 10 cm breit, 2 x 180 cm lang (für die beiden Seitenteile) und 5 x 76,4 cm lang (für die Einlegeplatten, ggf. Länge anpassen, wenn andere Stärke bei der großen Platte gewünscht wird)
- Universallack in Weiß
- Vorstreichfarbe in Weiß
- Holz-Feinspachtelmasse
- Holzschrauben
- Schraubhaken

WERKZEUGE
- Stichsäge
- Akkuschleifer
- Akkubohrer
- Akkuschrauber
- Schraubzwingen
- Standardsatz Pinsel und Rollen
- Japanspachtel

TIPP
Die Pressspanplatte, die hier verwendet wurde, ist vom Sperrmüll. Wenn Sie keine verwertbare Platte finden, könnten Sie alternativ z. B. auch eine alte Tür oder schlichte Holzplatte nehmen.

6 Nach dem Trocknen alles mit weißem Universallack streichen.

7 Wenn der Lack trocken ist, die Seitenteile mit Schraubzwingen nicht neben, sondern auf dem Rand der Pressspanplatte fixieren. Zuerst Vorbohren und dann die Seitenteile mit den Holzschrauben an der Platte festschrauben.

8 Die Einlegeplatten passen jetzt genau zwischen die Seitenwände. Mithilfe der Wasserwaage ausrichten und von der Seite aus festschrauben.

9 Damit das Regal an der Wand befestigt werden kann, am oberen Rand zwei Schrankaufhängungen festschrauben.

ALLES GRIFFBEREIT
Wenn Sie das Regal in den Flur hängen, dann befestigen Sie zusätzlich an einer Regalseite kleine Schraubhaken für Ihre Schlüssel. So haben Sie beim Rausgehen immer alle griffbereit.

So hängen Sie schwere Sachen an die Wand

Obwohl es einiges an Gewicht hat, ist es gar nicht so kompliziert, das Regal an die Wand zu bekommen. Für solche „schweren“ Fälle gibt es nämlich eine tolle Alternative zu normalen Dübeln: Ankerhülsen und Verbundmörtel aus einem Injektionssystem.

1 Zuerst in der richtigen Höhe (das Regal sollte ca. 20 cm über dem Boden hängen) mit einem 12er-Bohraufsatz Löcher in die Wand bohren, und zwar im gleichen Abstand, den die beiden Schrankaufhängungen zueinander haben.

2 In die Bohrlöcher spezielle Ankerhülsen aus Kunststoff stecken und mit dem Hammer versenken.

3 Dann in die Hülsen den Verbundmörtel spritzen.

MATERIAL
- Ankerhülsen
- Gewindestangen
- Verbundmörtel aus einem Injektionssystem
- Muttern
- Unterlegscheiben

WERKZEUGE
- Akkubohrer
- 12er-Betonbohrer für die Wand
- Hammer

4 Bevor der Mörtel ausgehärtet ist, die Gewindestangen so in den Mörtel drücken, dass noch ca. 2 cm herausschauen.

5 Nach einer Stunde Aushärtungszeit das Regal auf die Gewindestangen hängen und mit Unterlegscheiben und Muttern festziehen.

WISSENSWERT
Der Verbundmörtel besteht aus zwei Komponenten, die sich erst beim Auspressen aus der Spritzpistole des Injektionssystems miteinander vermischen.

36

Shaggy-Look

Pelzige Kragen, plüschige Accessoires, flauschige Mäntel: In der Mode ist der Shaggy-Look derzeit kaum noch wegzudenken. „Shaggy“ bedeutet übersetzt zwar zottelig, doch richtig eingesetzt können Fellelemente ganz schön edel wirken. Deshalb zeigen wir Ihnen hier, wie Sie z. B. einen Hocker trendy in Szene setzen können, ohne dafür viel Geld ausgeben zu müssen. Wer mag, verkleidet auch noch einen Bilderrahmen und eine Lampe im Zottelgewand – originell, preisgünstig und witzig!

Erinnern an die 70er-Jahre, die Wohnraumaccessoires im Shaggy-Look.

1 Zu Beginn den Hocker mit dem Zollstock vermessen.

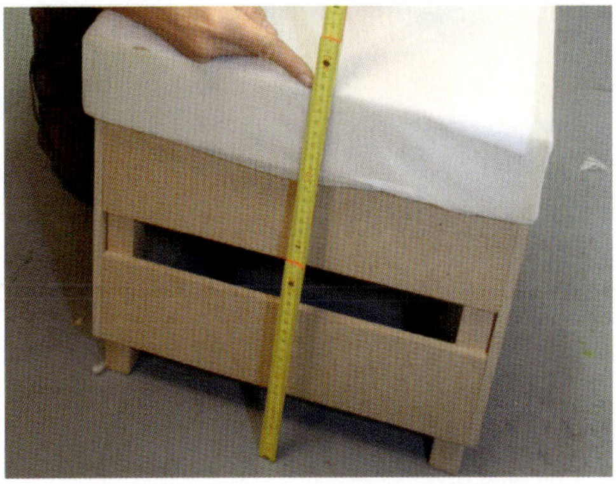

2 Die Maße auf einen Stoffrest übertragen und dieses Muster (entspricht einem dicken Kreuz) mit der Stoffschere ausschneiden. Das Muster dient dazu, den Flokati passgenau zuschneiden zu können. Das Stoffmuster zur Kontrolle auf den Hocker legen und ggf. korrigieren.

MATERIAL

- Quaderhocker
- Flokati
- Stoffrest
- Dekoband in Bordeaux

WERKZEUGE

- Stoffschere
- spitze Schere
- Zollstock
- Bleistift

3 Wenn es passt, das Muster auf den Flokati legen und den Teppich dem Muster folgend ausschneiden.

4 Den ausgeschnittenen Flokati über den Hocker legen und mit der spitzen Schere kleine Löcher in den Rand schneiden. Durch die Löcher Dekoband ziehen und zu hübschen Schleifen binden.

TIPP

Durch die Schleifen hält der Flokatibezug ganz ohne Nähen.

SCHWIERIGKEITSGRAD

ZEITAUFWAND

KOSTEN

€

TIPP

Flokatis erhalten Sie in Möbelgeschäften, Baumärkten und im Teppichhandel.

WISSENSWERT

Der Begriff „Flokati" stammt ursprünglich von griechischen Schafshirten, die aus Wollresten Teppiche angefertigt haben. Heute bezeichnet „Flokati" einen Teppich, in den dicke, lange Wollfasern eingewebt werden, wodurch er besonders flauschig aussieht. Nach einiger Zeit neigen die Fasern dazu zu verfilzen, wodurch der Teppich zottelig wird und optisch an das Fell eines Schafes erinnert.

Wohnraumaccessoires mit Pfiff und Fell

Passend zu dem Hocker lassen sich mit Fell auch eine Lampe oder ein Bilderrahmen verzieren – eine Deko-Idee, die im wahrsten Sinne „aus dem Rahmen" fällt.

MATERIAL
- Bilderrahmen
- Lammfellrest in Rosa

WERKZEUGE
- Heißklebepistole
- Schere
- Stift

Bilderrahmen

1 Den Bilderrahmen auf das umgedrehte Lammfell legen und die benötigte Fläche mit einem Stift markieren.

2 Das Fell mit der Schere ausschneiden und Stück für Stück mit Heißkleber am Rahmen festkleben, bis der gesamte Rahmen abgedeckt ist. Dabei am Ende des Fellstücks zwei kleine Quadrate herausschneiden, so lässt es sich problemlos um die Kanten herumkleben.

Flauschiger Lampenschirm

MATERIAL

- alte Leuchte mit Schirm
- doppelseitiges Klebeband
- Lammfellreste

WERKZEUGE

- Schere

1 Den Lampenschirm ringsum mit doppelseitigem Klebeband bekleben.

TIPP
Bringen Sie die Klebestreifen längs an, dann bekommen Sie keine Probleme mit der Rundung des Schirms.

2 Die obere Schutzfolie des Klebebands vorsichtig abziehen.

3 Die Lammfellreste an den Schirm halten, in der gewünschten Größe zuschneiden und fest am Klebeband andrücken.

TIPP
Der „Fellschirm" wirkt wie aus einem Guss, wenn Sie die Fellstücke an manchen Stellen überlappen lassen.

Leuchtender Raumteiler

Mit einfachen Mitteln wie Spotlichtern und Transparentpapier können Sie ein schlichtes Regal in einen modernen Raumteiler verwandeln. Das indirekte Licht lässt das Regal erstrahlen und verleiht Ihrem Zuhause eine gemütliche Atmosphäre.

Ein Regal mal ganz anders – als leuchtender Raumteiler.

1 Mit Lineal und Bleistift die Mitte jedes Fachbodens ausmessen und markieren.

2 Die markierten Stellen durchbohren und die Lampenfassungen festschrauben.

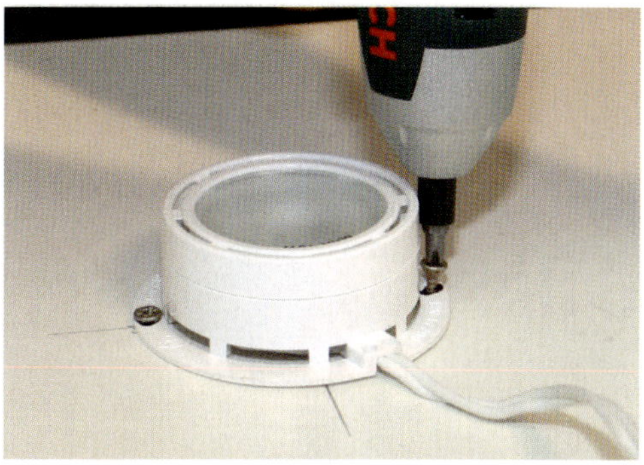

3 Die Schirme auf die montierten Spotlichter setzen.

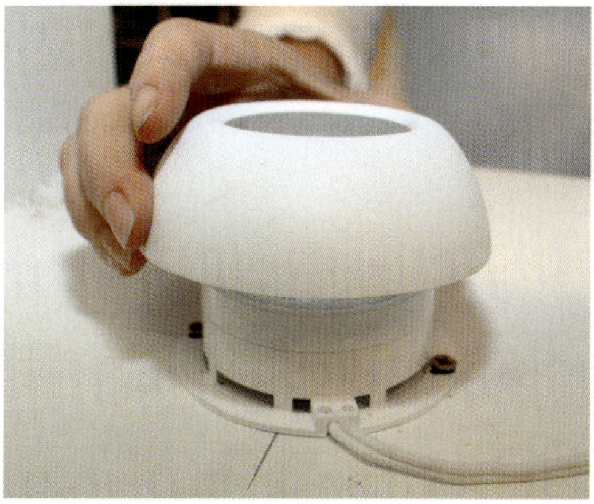

MATERIAL

- Regal mit Fächern in Weiß, 150 cm x 150 cm x 40 cm
- 16 Spotlichter mit Schirm, in Weiß, ø ca. 9 cm
- 2 8-fach-Stecker
- Transparentpapier in verschiedenen Designs, Größe abhängig von den Regalfächern
- doppelseitiges Klebeband
- Schrauben
- Kabelklammern

WERKZEUGE

- Akkubohrer
- Lineal
- Bleistift
- ggf. Cuttermesser und Metalllineal

SCHWIERIGKEITSGRAD
ʘʘʘ

ZEITAUFWAND
⏰⏰⏰⏰

KOSTEN
€€€€€

4 Dann das Regal umdrehen, damit die Spotlichter von den Fächerdecken aus strahlen können. Die losen Kabel mit Kabelklammern an den Regalwänden befestigen. Die Leuchten sind zur Selbstmontage, d. h. das „lose" Kabelende muss noch eingesteckt werden. Die Enden enden tatsächlich in ganz normalen Steckern!

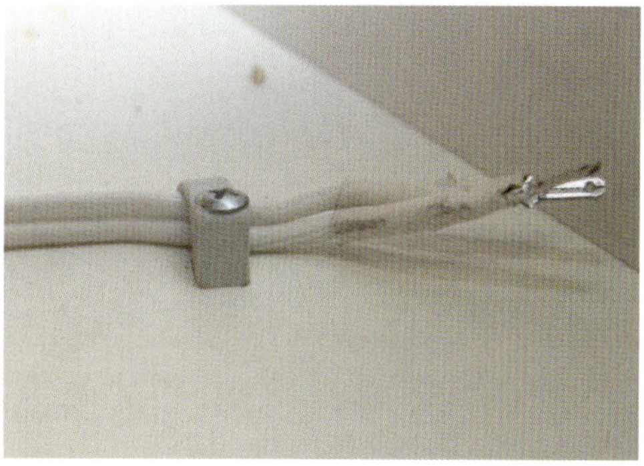

TIPP
Das Regal ist von oben und unten gleich. Das hat für Sie den Vorteil, dass Sie es beim Arbeiten nicht auf den Kopf stellen müssen. Erst wenn die Spotlichter montiert sind, drehen Sie das Regal um.

PROFI-TIPP VON ELAINE & INES

KABEL BÜNDELN

Bohren Sie am Boden jedes Regalfachs am Rand ein Loch. Dadurch können Sie die Kabel von oben nach unten gebündelt hindurchführen und die Leuchten unten an Mehrfachsteckdosen anschließen.

TIPP

Benutzen Sie zum Zuschneiden des Transparentpapiers ein Metalllineal und ein Cuttermesser. So erhalten Sie saubere und gerade Schnittkanten.

5 Das Transparentpapier mit Zugabe von 5 mm in Größe der Regalfächer zuschneiden. Beidseitig an den Außenkanten jedes Regalfachs doppelseitiges Klebeband anbringen. Die zugeschnittenen Transparentpapierstücke aufkleben, so dass jedes Fach verschlossen ist.

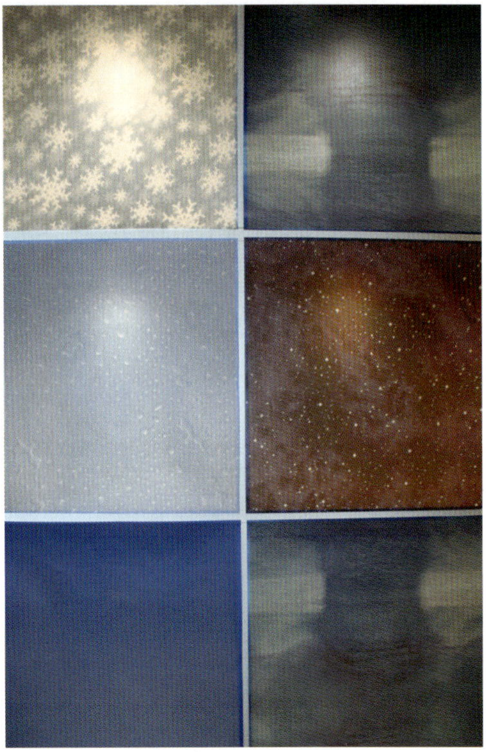

Serviertisch

Mit Fliesen können Sie Möbel kinderleicht, dafür aber umso wirkungsvoller aufpeppen. Dabei können Sie ruhig unterschiedliche Materialien, Farben und Muster mutig miteinander kombinieren, denn Mustermix liegt voll im Trend. Bei diesem Servierwagen werden neben Blumenfliesen auch Bruchglasbordüren mit eingearbeitet. Die ungleichmäßige Form der kleinen Glasscherben belebt die geflieste Oberfläche und verleiht dem Ganzen eine mosaikartige Optik.

Für die Küche oder den Balkon: Dieser Serviertisch macht überall eine gute Figur.

44

SCHWIERIGKEITSGRAD
ⓞ

ZEITAUFWAND
⏰⏰

KOSTEN
€€€

MATERIAL

- Servierwagen (zum Zusammenbauen aus dem Möbelhaus), Tischplatte ca. 50 cm x 60 cm breit
- 10 Keramikfliesen in Grün, 10 cm x 10 cm
- 2 Keramikfliesen mit Blumenmotiven, 12,5 cm x 40 cm
- 10 Bruchglasbordüren in Transparent, 5 cm x 20 cm
- schnell trocknender Fliesenkleber
- Fugenweiß
- Küchenpapier
- Wasser

WERKZEUGE

- Zahnspachtel
- Gummibrett
- Schwammbrett
- Eimer

WISSENSWERT
Bruchglasbordüren haben den Vorteil, dass sie wie ein Glasmosaik wirken, obwohl Sie nicht jede Scherbe einzeln aufkleben müssen. Denn die Glasstücke sind auf einer Matte angebracht und können als Ganzes verarbeitet werden.

TIPP
Bei dieser Gestaltungsidee können Sie auch Restfliesen verwenden. Die Größe und Art der Fliesen ist variabel, sie sollten nur farblich aufeinander abgestimmt sein.

1 Zuerst die Fliesen auf dem Servierwagen trocken „Probelegen", um zu sehen, wie die Fläche am besten ausgelegt wird.

2 In einem Eimer den Fliesenkleber mit dem Wasser nach Gebrauchsanweisung anmischen.

TIPP
Nehmen Sie für den Fliesentisch schnell trocknenden Fliesenkleber, dann kann das Holz des Servierwagens nicht aufweichen.

3 Mit einem Zahnspachtel den Kleber auf der oberen Platte des Servierwagens verteilen.

TIPP
Bei transparenten Glasfliesen, wie hier bei der Bruchglasbordüre, sollten Sie die Rillen im Fliesenkleber mit der flachen Seite des Zahnspachtels wieder glätten, damit die Rillen später nicht durchschimmern können.

4 Die Fliesen wie beim Probelegen auf dem Kleber verteilen und leicht andrücken.

WISSENSWERT
Ein Zahnspachtel ermöglicht einen gleichmäßig dicken Auftrag des Fliesenklebers. Als Faustregel gilt: je größer die Fliesen, desto größer sollte auch die Zahntiefe sein.

5 Wenn alle ausgelegt sind, die Fliesen vorsichtig mit einem Gummibrett festklopfen.

6 Zwei Stunden trocknen lassen. Dann die Fliesen verfugen. Dafür das Fugenweiß nach Packungsangabe anrühren und mit dem Gummibrett in den Fugen verteilen. Kurz warten und noch eine zweite Schicht Fugenweiß auftragen.

7 Nachdem das Fugenweiß angetrocknet ist, die Oberfläche mit einem nassen Schwammbrett „glattwaschen", also drüberwischen, um die Überstände zu entfernen.

8 Wenn das Fugenmaterial angetrocknet ist, die Oberfläche mit Küchenpapier polieren, bis alles schön glänzt.

TIPP
Das Fugenweiß schließt die Zwischenräume zwischen den Fliesen und sorgt für eine ebenmäßige Oberfläche.

46

Schreibtisch-Tuning

Viele Möbel haben schon einige Jahre auf dem Buckel und die Gebrauchsspuren erzählen so manche Geschichte. Deshalb möchte man sich oft nicht von den Stücken trennen, auch wenn sie rein optisch die besten Zeiten schon hinter sich haben. Deshalb zeigen wir Ihnen anhand eines in die Jahre gekommenen Schreibtisches, wie einfach es ist, einem alten Möbel neuen Glanz zu verleihen. Der Clou: Die Schreibtischtüren bekommen grüne Akzentflächen verpasst – diese Farbe findet sich auch im neuen Wandanstrich wieder.

Ein alter Tisch im neuen Look – hier arbeitet es sich viel schöner!

1 Die Tischplatte des Schreibtisches ist noch gut erhalten, deshalb soll sie keinen Anstrich bekommen, wird aber mit Anlauger aufpoliert. Als erstes mit Schutzhandschuhen und Schwamm den Anlauger auf der Schreibtischplatte verteilen. Beim Arbeiten mit Laugen immer Schutzhandschuhe tragen! Dann den Anlauger mit einem Tuch und Wasser wieder gründlich abwaschen.

2 Den Rest des Schreibtisches mit einem Multischleifer anschleifen.

3 Die abgeschliffenen Bereiche mit weißer Grundierung streichen und diese 24 Stunden lang trocknen lassen.

4 Nach dem Trocknen die grundierten Flächen (ausgenommen der Kassetten der Schreibtischtüren) weiß lackieren.

5 Zu guter Letzt erhalten die ausgesparten Kassetten und die Schublade in der Mitte einen Anstrich in frischem Grün.

MATERIAL
- Grundierung in Weiß
- Lack in Weiß und frischem Grün
- Anlauger
- Schutzhandschuhe

WERKZEUGE
- Multischleifer mit Staubsauger
- Standardsatz Pinsel und Rollen
- Schwamm
- Tuch
- Eimer Wasser

SCHWIERIGKEITSGRAD
ʘ

ZEITAUFWAND
⏰ ⏰

KOSTEN
€

WISSENSWERT
Anlauger ist ein Spezialreiniger, mit dem Sie alte Wachsreste, Fett und Dreck vom Untergrund entfernen können. Das Holz sieht nach der Behandlung wieder richtig schön und glänzend aus.

Bett-Tablett

Träumen Sie auch davon, Sonntag morgens im Bett zu frühstücken? Mit diesem praktischen Helferlein ist der Start in den Tag gerettet! Im Übrigen können Sie das Tablett natürlich auch außerhalb des Bettes zum Einsatz bringen, z. B. bei einem romantischen Picknick oder beim gemütlichen Grillfest im Garten. Und weil man nie genug Tabletts haben kann, bzw. sich diese auch zum Verschenken eignen, zeigen wir Ihnen anschließend noch weitere Tabletts in einer ganz anderen Optik.

Optimal für das Verwöhn-Frühstück am Sonntag Morgen.

49

SCHWIERIGKEITSGRAD

ZEITAUFWAND

KOSTEN
€

MATERIAL
- Brett, 1,5 cm stark, 30 cm x 55 cm
- Latten, 1,5 cm stark, 4 cm breit, 2 x 55 cm und 2 x 27 cm lang
- Latten, 3 cm stark, ca. 6 cm breit, 4 x 50 cm (für die Stellfüße) und 2 x 22 cm (für die Zwischenstücke) lang
- Universallack in Orange
- Acrylsprühlack in Weiß
- Schrauben

WERKZEUGE
- Stichsäge
- Akkuschleifer
- Akkubohrer
- Heißklebepistole
- Standardsatz Pinsel und Rollen
- Geodreieck
- Bleistift

1 Ein Brett auf die gewünschte Größe (hier 30 cm x 55 cm) zusägen und die Kanten glattschleifen.

2 Das Brett bekommt eine Umrandung aus dünnen Latten. Dafür zuerst zwei Latten in Länge des Tabletts ausmessen und zusägen. Für die kurzen Seiten des Tabletts müssen die Latten minus zweimal ihrer Stärke berechnet werden, damit die ganze Umrandung auf das Tablett passt. Hier also minus 3 cm (Stärke = 1,5 cm, die Länge der kurzen Seiten 27 cm).

3 Die Einzelteile mit Universallack in Orange streichen.

4 Nach dem Trocknen die Latten mit Heißkleber auf dem Tablett fixieren. Das Tablett umdrehen, Löcher vorbohren und dann von unten die Schrauben eindrehen.

5 Für das Gestell die Latten 30 cm lang und mit einem 45°-Winkel aussägen. Dafür die Schnittstelle mit einem Geodreieck anzeichnen. Die Kanten nach dem Sägen glattschleifen.

6 Zwischen zwei Füße kommt jeweils ein kleines Verbindungsstück, das ebenfalls aus der dickeren Latte ausgesägt wird. Das Stück hat gerade Enden und sollte zusammen mit der Dicke der Füße in etwa die Breite des Tabletts ergeben.

7 Die Füße und Verbindungsstücke mit dem weißen Acrylsprühlack einsprühen.

8 Jeweils zwei Füße mit Heißkleber an einem Verbindungsstück fixieren, vorbohren und mit Schrauben befestigen. Die Oberkante von Füßen und Zwischenstück muss dabei eine gerade Linie ergeben.

9 Zum Schluss nur noch die Fußgestelle, nach außen zeigend, an der Unterseite des Tabletts festschrauben, schon steht das Bett-Tablett stabil.

TIPP
Wir haben hier für das Tablett einen ausrangierten Regalboden genommen und auf die passende Größe zugesägt.

WISSENSWERT
Achten Sie darauf, dass auch Sprühlack mehrere Stunden braucht, um vollkommen durchzutrocknen.

Tabletts in großer Vielfalt

Tabletts gibt es in einer fast unendlichen Vielfalt. Wie wäre es z. B. mit einem modernen Acrylglas-Tablett? Oder einem Tablett in Asia-Optik? Das Schuh-Tablett überrascht mit seiner außergewöhnlichen Funktion.

MATERIAL
- Acrylglasplatte, 5 mm stark, Größe nach Belieben
- 2 längliche Küchenschrankgriffe
- Schrauben
- Kantholz
- Schälchen Wasser mit viel Spülmittel

WERKZEUGE
- Stichsäge mit Acrylsägeblatt
- Akkubohrer
- Schraubzwingen
- Pinsel
- Lineal
- Stift

Tablett mit Durchblick

Die Tablettvariante mit Acrylglas wirkt richtig modern und lässt sich sogar als Deko einsetzen. Dabei besteht das Tablett nur aus drei Elementen und ist ruck, zuck fertig. Der Clou: Als Halterungen werden Griffe für Küchenschränke verwendet, die einfach an der Acrylglasplatte festgeschraubt werden.

WISSENSWERT
Da Acrylglas sehr hart ist, müssen Sie zum Sägen ein Acrylsägeblatt verwenden.

1 Um die Acrylglasplatte auf die gewünschte Größe zusägen zu können, ein Kantholz mit Schraubzwingen als Führungsschiene anbringen. Das garantiert eine saubere und gerade Schnittlinie. Dann die Platte mit der Stichsäge auf die gewünschte Größe zuschneiden.

TIPP
Neue Acrylglasplatten sind meist von einer Schutzfolie umgeben. Damit die Oberfläche der Platte keine Kratzer abbekommt, sollten Sie die Folie erst nach dem Sägen und Bohren entfernen.

GUT KÜHLEN

Damit der Kunststoff durch die Reibung beim Sägen nicht schmilzt, die Sägestelle mit Spülmittelwasser kühlen.

2 Mit Lineal und Stift die Schraublöcher für die Küchenschrankgriffe ausmessen und einzeichnen.

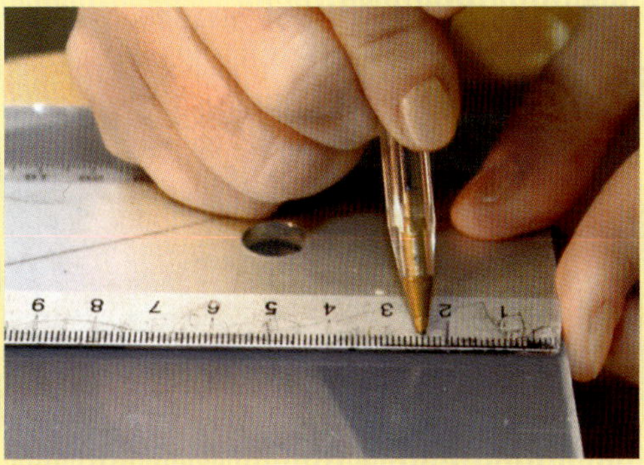

3 Die Schraublöcher zunächst vorbohren. Zum Kühlen während des Bohrens wieder Spülmittelwasser benutzen.

PROFI-TIPP VON ELAINE & INES

SO BLEIBT DER BOHRER SAUBER

Bewegen Sie beim Bohren von Acrylglas den Bohrer immer auf und ab. Zwischendurch den Bohrer herausziehen, das Gerät ausstellen und die Plastikspäne am Bohrer sofort entfernen! Die Späne werden sonst steinhart und lassen sich nicht mehr vom Bohrer entfernen.

4 Nach dem Sägen und Bohren die Schutzfolie der Acrylglasplatte entfernen.

5 Jetzt die Küchenschrankgriffe oben auf dem Tablett festschrauben. Die Schrauben nicht zu fest anziehen, sonst könnte das Acrylglas splittern.

TIPP

Acrylglas erhalten Sie in den unterschiedlichsten Farben. Auch milchige Varianten gibt es zu kaufen. Oder probieren Sie es doch mal mit Oberflächenstruktur, das sieht auch sehr dekorativ aus!

Ein Stück Asien

Dieses dekorative Tablett im fernöstlichen Stil besticht durch seine Schlichtheit. Mit ein paar einfachen Handgriffen können Sie sich so etwas Exotik nach Hause zaubern.

MATERIAL
- Brett, 1,5 cm stark, 30 cm x 55 cm
- Acrylsprühlack in Rot
- 4 Bambusstäbe, 2 x 60 cm und 2 x 35 cm lang
- Bast in Grün
- Klebeband

WERKZEUGE
- Stichsäge
- Akkubohrer
- Akkuschleifer
- Heißklebepistole

1 Das Brett in der gewünschten Größe (hier 30 cm x 55 cm) zurechtsägen und die Kanten glattschleifen.

2 Den zugesägten Regalboden mit rotem Acryllack einsprühen. Dabei die Trocknungszeiten beachten.

3 Das Tablett erhält eine Umrandung aus Bambusstäben, die später gleichzeitig als Griffe dienen. Den Bambus etwa 5 cm länger als die Seiten des Tabletts zusägen.

4 Mit grünem Bast die vier Bambusstangen zu einem Rechteck in Größe des Tabletts zusammenbinden.

5 Das Rechteck mit Heißkleber fixieren, dann schräg vorbohren und die Stäbe mit dem Tablett verschrauben.

Tablett als Schuhablage

Dass Tabletts nicht zwingend als Transportmittel eingesetzt werden müssen, zeigt Ihnen dieses Beispiel: ein Tablett, das als Schuhablage umfunktioniert wird. So können Ihre nassen Schuhe abtropfen, ohne im Flur eine hässliche Pfütze zu hinterlassen.

1 Die Einzelteile des Tabletts im Prinzip wie das Bett-Tablett arbeiten, aber in Gelb streichen. Nach dem Trocknen der Einzelteile die Latten mit Heißkleber auf dem Tablett fixieren, das Tablett umdrehen und von unten nach dem Vorbohren festschrauben.

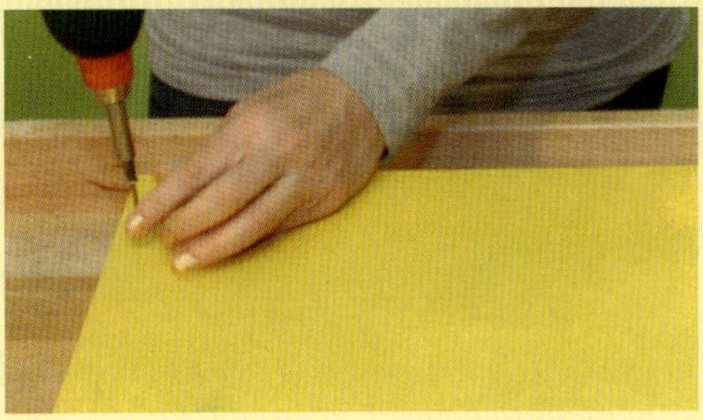

2 Damit das Holz durch Feuchtigkeit nicht angegriffen wird, das Tablett mit einer Plastiktüte wasserfest machen. Dafür die Tüte aufschneiden, im Tablett auslegen und an den Rändern festtackern.

3 Den Tütenüberstand mit der Schere abschneiden und das Tablett mit großen Kieselsteinen füllen.

WISSENSWERT
Kieselsteine zum Dekorieren bekommen Sie in verschiedenen Farben und Größen. Alternativ können Sie auch Sand verwenden. Oder Sie sammeln bei Ihrem nächsten Spaziergang selber Steine.

MATERIAL
- Brett, 1,5 cm stark, 30 cm x 55 cm
- Latten, 1,5 cm stark, 4 cm breit, 2 x 55 cm und 2 x 27 cm lang
- Universallack in Gelb
- Kieselsteine
- Plastiktüte
- Schrauben

WERKZEUGE
- Stichsäge
- Akkuschleifer
- Akkubohrer
- Elektrotacker
- Heißklebepistole
- Standardsatz Pinsel und Rollen

Multifunktions-möbel für Kids

Aus einem einfachen Ablagetisch wird mit ein paar Handgriffen ein knalliger Hingucker für jedes Kinderzimmer. Die farbenfrohen Möbel machen als bequeme Sitzmöglichkeit und Stauraum für Kleinzeug richtig was her.

Die Seepferdchen machen im Kinderzimmer richtig etwas her!

SCHWIERIGKEITSGRAD

ZEITAUFWAND

KOSTEN
€€€

1 Die einzelnen Bretter eines Ablagetisches mit Grundierung vorbehandeln. Nach dem Trocknen die Bretter mit dem Akkuschleifer schleifen und den Schleifstaub mit einem Handfeger entfernen.

2 Die Bretter in einem frischen Grün lackieren. Lack mit der DIN-EN 71-3 ist besonders gut geeignet für Kinder (siehe Seite 12).

TIPP

Lackieren Sie die Einzelteile vor dem Zusammenbau! Das vereinfacht nicht nur das Arbeiten, Sie erhalten dadurch auch noch gleichmäßig gestrichene Kanten.

3 Ist die Farbe trocken, den Tisch nach Anleitung zusammenbauen.

4 Jetzt die Rollen auf der Oberseite des Tisches festschrauben und den Tisch wieder umdrehen.

5 Die eigentliche Unterseite (die sich jetzt oben befindet) zur Sitzfläche umfunktionieren. Dafür mit einer Stoffschere aus dem Schaumstoff Sitzkissen in Größe der Sitzfläche ausschneiden. Beim Ausmessen helfen Lineal und Filzstift. Bei dünnerem Schaumstoff so viele Lagen übereinander legen, dass das Sitzkissen mit der Höhe des Regals abschließt.

WISSENSWERT

Für diese Heimwerkeridee eignen sich einfache Ablagetischchen, die es als Bausatz im Möbelgeschäft zu kaufen gibt. Beim Kauf sollten Sie allerdings unbedingt darauf achten, dass die untere Ablagefläche einen Abstand von ca. 10 cm zum Boden hat. Der Tisch wird nämlich einfach umgedreht und die Unterseite zur Sitzfläche umfunktioniert (siehe Schritt 5).

MATERIAL

- Ablagetisch, ca. 40 cm hoch und mit ca. 10 cm Abstand von der unteren Ablagefläche zum Boden
- 2 Bretter, 1,5 cm stark, ca. 1,20 m und 1,05 m lang
- 2 Körbchen, die in den Ablagetisch passen
- 4 Möbelrollen
- Seepferdchenlampe (dient als Schablonenvorlage), alternativ eine Vorlage z. B. aus dem Internet, ca. 60 cm hoch
- Acryllack in frischem Grün, Gelb und Apricot
- Grundierung in Weiß
- Schaumstoff, 5 cm bis 10 cm dick
- Stoff mit kindgerechtem Muster, ca. 70 cm x 70 cm
- Filz in Orange, ca. 60 cm x 40 cm
- Schrauben
- stabiles Papier, A2

WERKZEUGE

- Stichsäge
- Akkuschrauber
- Akkuschleifer mit 240er-Schleifpapier
- Akkutacker
- Standardsatz Pinsel und Rollen
- Handfeger
- Stoffschere
- Schere
- Lineal
- Filzstift
- Bleistift

WISSENSWERT
Auch wenn ihr Aussehen nicht darauf schließen lässt: Seepferdchen zählen zu den Fischen. Sie gehören zu den gefährdetsten Tiergattungen der Welt. Die meisten Kinder sind von ihnen fasziniert.

6 Den Stoff um das Sitzkissen legen, die Enden einmal einschlagen und auf der Rückseite der Sitzfläche festtackern. Dabei darauf achten, nicht zu nah am Rand zu tackern, sonst könnte der Stoff einreißen.

7 Für die Rückenlehne auf einem stabilen Blatt Papier ein Seepferdchen vorzeichnen und mit 5 cm Zugabe als Schablone ausschneiden. Bei uns diente z. B. eine Seepferdchenleuchte als Vorlage. Verzichten Sie bei der Schablone aber auf das Vorzeichnen der Flossen! Die werden später aus Filz an den Rückenlehnen befestigt.

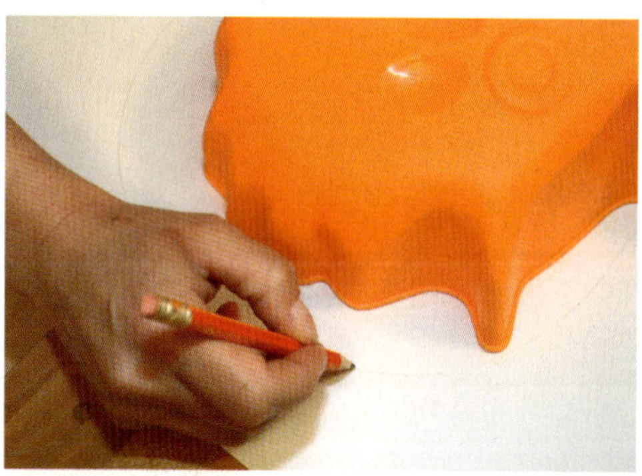

TIPP
Die Seepferdchenleuchte gehört hier mit zur Dekoration. Wenn Sie keine solche bekommen sollten, finden Sie im Internet jede Menge Seepferdchen-Bilder, die Sie als Vorlage nehmen können.

8 Die Schablone auf das größere Regalbrett legen, sodass sich der Seepferdchenkopf am obersten Ende des Brettes befindet. Am unteren Ende des Brettes soll der Seepferdchenumriss in einer rechteckigen Befestigungsfläche enden. Diese soll die Höhe des Tischchens (ca. 40 cm) haben. Bei der Breite allerdings nur die Hälfte des Tisches einrechnen, da noch ein zweites Seepferdchen daneben kommt. Die Umrisse mit dem Bleistift abzeichnen.

9 Dann die Schablone umdrehen, auf das kleinere Regalbrett legen und ebenfalls mit Befestigungsfläche abzeichnen. Die Befestigungsfläche ist hier genauso groß wie bei dem anderen Seepferdchen, nur sitzt dieses hier dann einfach etwas tiefer.

10 Dann mit der Stichsäge vorsichtig die beiden Seepferdchen aussägen.

TIPP
Setzen Sie beim Aussägen die Stichsäge immer vom Rand des Bretts aus neu an. Bei so einer filigranen Arbeit könnte das Holz sonst schnell brechen.

11 Nach dem Aussägen die Kanten der Seepferdchen glattschleifen. Die Rückenlehnen grundieren, trocknen lassen und wieder abschleifen. Mit dem Handfeger säubern.

12 Jetzt erhalten die Seepferdchen einen Anstrich mit Acryllack in frischem Gelb bzw. Apricot. Den Stellfuß im Grün des Regals lackieren.

13 Die Kopf- und Rückenflossen mit Filzstift frei Hand auf den Filzstoff übertragen, ausschneiden und auf der Rückseite festtackern.

14 Die fertigen Rückenlehnen mit den Befestigungsflächen an das umfunktionierte Tischchen schrauben.

15 Abschließend die Körbchen in den Ablagetisch schieben

VARIATIONSMÖGLICHKEIT

Natürlich können Sie die Rückenlehnen auch beliebig in Farbe und Motiv variieren. Für kleine Kicker können Sie zum Beispiel einen Fußball als Rückenlehne nehmen. Den Ideen sind hier keine Grenzen gesetzt!

WISSENSWERT

Filz ist gerade zum Dekorieren wunderbar geeignet. Sie können ihn nähen, nieten, kleben ... Den Ideen sind eigentlich keine Grenzen gesetzt.

Pinnwände

Pinnwände sind zwar äußerst praktisch, geben aber optisch meist nicht viel her. Wenn Sie nach einer dekorativen Alternative zur korkigen Gedächtnisstütze suchen, dann probieren Sie es doch mal mit diesen himmlischen Helfern. Reißzwecken haben hier ausgedient, denn die Engel sind magnetisch und haben obendrein noch kleine Haken, an denen Sie Schlüssel oder Ähnliches aufhängen können.

Von diesen süßen Pinnwänden lässt man sich gerne daran erinnern, was erledigt werden muss!

MATERIAL
- Restholzplatte, 2 mm stark, Größe nach Belieben
- Vorstreichfarbe in Weiß
- Magnetlack
- seidenmatter Lack in Schwarz, Weiß, Gelb, Blau, Rot und Lachs
- dicke Kordel (für den weiblichen Engel)
- 2 Bilderösen pro Engel
- je 2 Hakenösen (für den männlichen und den weiblichen Engel)
- Kette (für den männlichen Engel)
- kleine Schrauben
- Papier

WERKZEUGE
- Stichsäge
- Akkuschrauber
- Akkutacker
- Standardsatz Pinsel und Rollen
- Kunstflorroller
- Schere
- Buntstifte

SCHWIERIGKEITSGRAD

ZEITAUFWAND

KOSTEN
€€€

1 Die Engel in der gewünschten Größe mit Filzstift frei Hand auf ein Blatt Papier übertragen oder im Copyshop auf die gewünschte Größe kopieren. Die Schablonen mit der Schere ausschneiden.

2 Für jeden Engel die Umrisse der Schablone auf eine Restholzplatte übertragen und aussägen. An kniffligen Stellen die Säge neu ansetzen. Nach dem Sägen die Kanten glattschleifen.

3 Damit sich das Holz nicht verzieht, den ausgesägten Engel von beiden Seiten mit Vorstreichfarbe grundieren.

4 Nach dem Trocknen auf die Vorderseite mit einem Kunstflorroller Magnetfarbe auftragen. Für eine optimale magnetische Haftung den Anstrich noch zweimal wiederholen.

TIPP
Die Magnetfarbe müssen Sie vor Gebrauch sehr gründlich durchrühren, da sich die in ihr enthaltenen Metallpartikel wegen ihres Gewichts sonst auf dem Dosenboden festsetzen.

5 Der Magnetlack muss 12 Stunden trocknen. Danach mit seidenmattem Lack die Engel wie aus der Vorlage ersichtlich bunt malen.

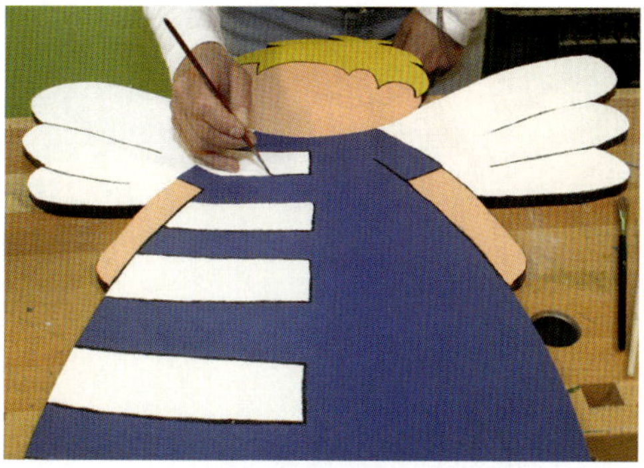

TIPP
Lassen Sie sich die Vorlage im Copyshop in der gewünschten Größe ausdrucken, wenn Sie sich eine Freihand-Übertragung nicht zutrauen.

6 Für den weiblichen Engel aus dem Restholz kleine Schuhe aussägen, schleifen, grundieren und in Rot lackieren.

7 An die Schuhe rückseitig jeweils 20 cm lange, dicke Kordelstücke tackern und am Engel befestigen. Heißkleber schützt die Kordel vor dem Ausfransen.

8 Als Aufhängung auf die Rückseite des Engels je zwei Bilderösen schrauben. Vorne Hakenösen (für Schlüssel o. Ä.) anschrauben.

9 Den männlichen Engel ebenfalls nach Vorlage aussägen und anmalen. Auf der Vorderseite als Befestigungsmöglichkeit zusätzlich zu den Hakenösen eine Kette befestigen.

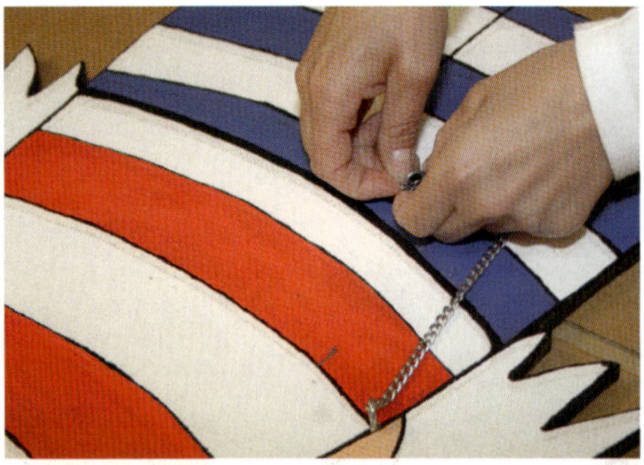

Engelvorlagen

Hier die Engelvorlagen, die Sie entweder frei Hand auf Papier übertragen oder in einem Copyshop mit einem Vergrößerungsfaktor von 300 % kopieren lassen.

Kräutermobil

Aus dem Beet frisch in den Topf: Dass dafür noch nicht einmal ein eigener Garten notwendig ist, zeigt Ihnen dieser Gestaltungstipp – ein mobiler Kräutergarten, der auf jedem Balkon Platz findet. Der Trick: Die selbstgebaute Kräuterkiste wird auf einen Rollwagen gestellt, den Sie je nach Bedarf in die Sonne oder in den Schatten schieben können. Die unteren Ablageflächen des Wagens bieten außerdem jede Menge Platz für Ihre Gärtnerutensilien.

Für Hobbygärtner und alle, die es werden wollen.

MATERIAL
- Servierwagen, Seitenlängen ca. 50 cm x 50 cm, 80 cm hoch (zum Zusammenbauen aus dem Möbelhaus)
- unbehandelte Regalböden oder Bretter, 1,6 cm stark, insgesamt ca. 2,56 m x 73 cm
- Restholzplatte oder dickeres Regalbrett, ca. 2 cm stark, 50 cm x 50 cm
- 16 Winkel
- Schrauben
- stabile Plastikfolie
- Holzlasur in Blau und Grün
- Tongranulat für Pflanzen
- diverse Kräutertöpfchen

WERKZEUGE
- Stichsäge
- Akkuschrauber
- Akkuschleifer
- Akkutacker
- Heißklebepistole
- Pinsel
- Lineal
- Bleistift

TIPP
Als Boden für die Kräuterkiste können Sie auch ein dickeres Regalbrett nehmen und dies in der Breite des Rollwagens zurechtsägen.

1 Als Boden für die Kräuterkiste dient stabiles Restholz.

2 Beim Ausmessen der Wände die Bodenplatte als Ausgangsbasis nehmen. Die Wände mithilfe von Lineal und Bleistift auf den Regalböden vorzeichnen:

- Zum Berechnen der Länge von Vorder- und Rückwand die Breite der Bodenplatte plus zweimal 1,6 cm (entspricht der Stärke der Regalbretter) nehmen. So lassen sich die Einzelteile nachher perfekt miteinander verschrauben.
- Bei der Höhe der Vorderseite an der Höhe der Kräutertöpfchen orientieren und ein wenig Zugabe mit einplanen, damit die Töpfe später genügend abgedeckt werden.
- Die Rückwand sollte ca. 10 cm bis 15 cm höher als die Vorderseite sein, dadurch entsteht ein dekorativer Terrasseneffekt.
- Die Seitenwände diesem Höhenverlauf anpassen und dementsprechend anschrägen.
- Die Trennwand hat die gleiche Breite wie die Bodenplatte und soll von der Höhe her mittig in den Kräuterkasten gesetzt werden.

3 Die Teile mit der Stichsäge aussägen.

4 Nach dem Sägen die Kanten mit dem Akkuschleifer glattschleifen.

5 Die Einzelteile anschließend blau lasieren. Das gibt einen schönen Kontrast zum Grün der Pflanzen.

6 Beim Zusammenbauen der Kiste zunächst die Rückwand mit der Bodenplatte verschrauben. Hierfür zwei Winkel nehmen, dann wird es stabiler. Fixieren Sie die Winkel am besten zuerst mit Heißkleber, dann kann nichts verrutschen.

7 Nach der Rückwand die schrägen Seitenteile ebenfalls jeweils mit zwei Winkeln am Boden befestigen.

8 Für mehr Stabilität die Seitenwände noch zusätzlich mit je einem Winkel mit der Rückwand verschrauben.

9 Jetzt fehlt nur noch die niedrigere Vorderseite. Diese mit zwei Winkeln an der Bodenplatte und mit je einem Winkel an den Seitenwänden befestigen.

10 Die fertige Kräuterkiste mit der stabilen Plastikfolie auslegen und die Folie im oberen Drittel mit ein wenig Abstand zum Rand antackern.

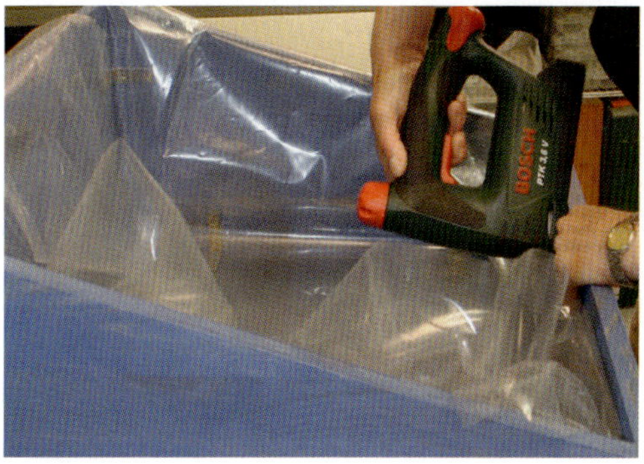

TIPP
Um die Kiste wasserdicht zu bekommen, können Sie auch Plastiktüten oder feste Müllbeutel verwenden.

11 Nach der Folie kommt die Trennwand ins Spiel: Diese zuerst ganz mit Folie umwickeln, die Folie strammziehen und sorgfältig festtackern, damit beim Gießen kein Wasser an das Holz kommt, das sonst aufquellen könnte.

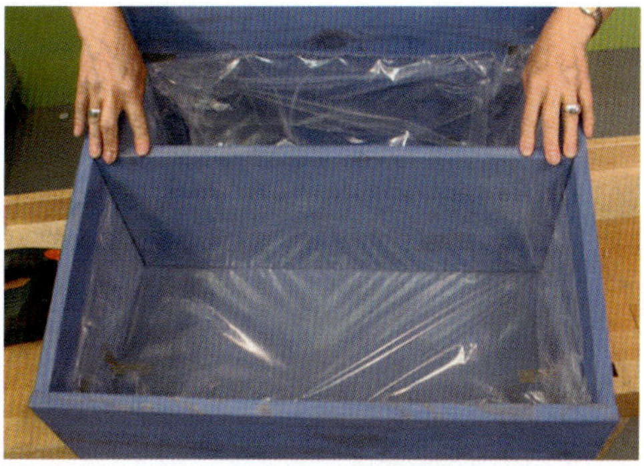

12 Die Trennwand durch Winkel vorne und hinten an den Seitenwänden fixieren. Vorsicht bitte, die Winkel diesmal nur an den Seitenwänden festschrauben, damit die Folie der Trennwand nicht beschädigt wird!

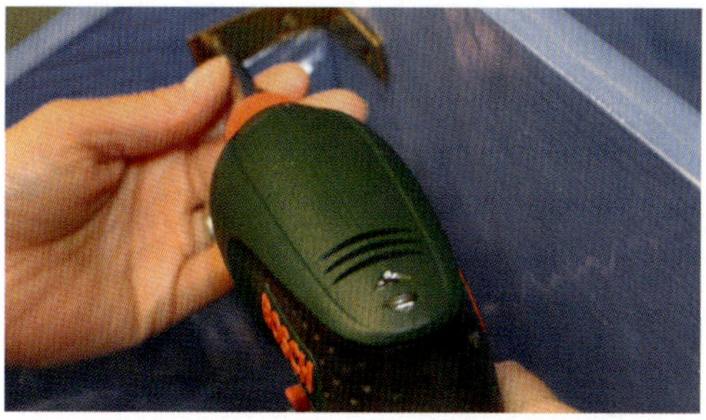

13 Vor dem Zusammenbauen des Servierwagens die Ablageböden und die Außenkanten der Abdeckplatte grün lasieren. Diese Farbakzente greifen das Grün der Kräuter wieder auf und bilden einen schönen Kontrast zum Blau der Kiste.

14 Dann den Servierwagen nach Anleitung zusammenbauen.

15 Die blaue Kiste auf den Rollwagen stellen und den Boden mit Tongranulat auffüllen.

16 Die Kräuter aus dem Topf nehmen, lose Erde abschütteln und auf die Granulatschicht setzen. Die Zwischenräume großzügig mit Granulat auffüllen.

WISSENSWERT
Tongranulat eignet sich bestens für Topfpflanzen. Durch seine poröse Struktur kann es viel Wasser speichern und gibt den Pflanzen gezielt Wasser ab, wenn sie es brauchen. Ans Gießen müssen Sie damit nicht mehr so oft denken!

TIPP
Setzen Sie am besten die Kräuter zusammen, die gleich viel Wasser benötigen. Damit Sie wissen, wann die Pflänzchen wieder gegossen werden müssen, können Sie in jede der beiden Etagen einen Gießanzeiger stecken.

Elaine Schnee

Elaines Liebe zum Einrichten hat ihre Wurzeln in der Kindheit. Die deutsch-stämmige Amerikanerin hat damals eine Star-Innenarchitektin begleitet. In den Häusern der Reichen und Schönen in Beverly Hills und Hollywood sprang der Funke über. Später vermischte sich die Leidenschaft mit dem Traumberuf: Als gelernte TV-Redakteurin und Inhaberin des TV-Produktionsunternehmens ace media sind die Einrichtungsthemen für Elaine eine wahre Spielwiese, mittlerweile auch vor der Kamera. Hier kann sie ihre praktische Veranlagung ausleben. Sie liebt es zu Heimwerken, konzipiert gerne selber und setzt ihre eigenen Entwürfe um. Diesen Spagat zwischen der Tätigkeit als erfolgreiche Produzentin und dem Einsatz als Wohnexpertin ermöglichen ihr ein gut organisiertes Team.

Ines Schneider

Ines ist Stylistin und Wohnexpertin mit Leib und Seele. Vor ihrer TV-Laufbahn hat sie jahrelang als Deko- und Einrichtungsberaterin gearbeitet. Ihr handwerkliches Geschick brachte sie beim Bau des eigenen Hauses ein, das nach baubiologischen Aspekten gestaltet wurde. Als Leiterin der Design-Abteilung bei ace media ist sie nicht nur Gesicht vor der Kamera, sondern auch Schlüsselfigur zwischen Trend-Spotting und Planung. Stilsicher holt Ines bei ihren Konzepten das Optimum aus einem Raum heraus und beweist dabei immer wieder guten Geschmack. Mit Herz, Verstand und Organisationstalent macht sie aus dem Alltäglichen etwas ganz Besonderes.

Weitere Informationen zu den TV-Beiträgen finden Sie unter: www.besser-wohnen-tv.de

IMPRESSUM

Ein großes Dankeschön an die vielen fleißigen Hände und kreativen Köpfe, die bei der Entstehung des Buches und der begleitenden DVD so tatkräftig mitgeholfen haben!

Ein besonderer Dank gilt auch den Firmen und Unternehmen, die uns mit den nötigen Materialien und Requisiten unterstützt haben.

ELEKTROWERKZEUGE: Robert Bosch GmbH, 70771 Leinfelden-Echterdingen, www.bosch-pt.de

KLEBER & HOLZLEIM: Henkel KGaA, 40191 Düsseldorf, www.ponal.de

ABKLEBEBÄNDER: tesa AG, 20253 Hamburg, www.tesa.de

HANDWERKZEUG & WERKBANK: Emil Lux GmbH & Co. KG, 42929 Wermelskirchen, www.lux-tools.de

SCHREINEREI: Schreinerei Ockenfels GmbH, 53639 Königswinter

BUCHTEXTE: Nina Diebus und Christine Piontek (ace media)

DREHBUCH UND REGIE: Detlef Möllering (im Auftrag von ace media)

AUFNAHMELEITUNG UND REGIEASSISTENZ: Nina Diebus (ace media)

ORGANISATION UND KOORDINATION: Andreas Raaf (ace media)

KAMERA UND PORTRAITFOTO: Martin Miseré (im Auftrag von ace media)

TONASSISTENT: Max Krabbe (ace media)

DESIGNASSISTENT: Claudius von Berg (ace media)

BUCHKONZEPT, TEXT UND LEKTORAT: Kim Marie Krämer (frechverlag)

BUCHGESTALTUNG: Petra Theilfarth (frechverlag)

FOTOS: ace media - tv production & media service, 53639 Königswinter

DRUCK UND BINDUNG: Finidr s.r.o., Cesky Tesin, Tschechische Republik

Auflage:	5.	4.	3.	2.	1.	
Jahr:	2011	2010	2009	2008	2007	[Letzte Zahlen maßgebend]

ISBN 978-3-7724-6801-8
Best.-Nr. 6801

Erfolg beim Heimwerken

Nach abgeschlossenem Renovierungsprojekt wird resümiert: Bin ich mit dem Arbeitsergebnis zufrieden? Wenn nicht, ist wohl irgendwas schief gelaufen. Wir zeigen Ihnen, worauf es ankommt, damit Sie zum Wiederholungstäter werden.

Ein Heimwerkerprojekt fängt immer mit der individuellen Idee an: Ob ein farbloser Raum mit frischen Farben neu gestaltet oder ein bislang noch ungenutzter Dachboden zur Wellness-Oase ausgebaut werden soll - es gibt viele schöne Wohnraumideen, die man selbst in die Hand nehmen kann.
Um herauszufinden, ob die Umsetzung selbst bewerkstelligt werden kann, lohnt sich für Ungeübte in Sachen Do-it-yourself ein Gespräch mit Experten im Bekanntenkreis oder Verbraucherorganisationen wie der DIY Academy. Generell ist es ratsam, in Sachen Elektroinstallation und Sanitär den Fachmann ran zu lassen. An alle übrigen Tätigkeiten, vom Fliesen legen bis zur energiesparenden Dachdämmung, können sich Do-it-yourselfer selbst wagen. Wer dabei ein bisschen Unterstützung und mehr praktisches Wissen benötigt, kann einen der 65 Heimwerkerkurse der DIY Academy besuchen. Hier zeigen Trainer den richtigen Umgang mit Werkzeug und Material und helfen bei der Planung des eigenen Projektes.
Zuerst wird geplant und kalkuliert, dann geht's mit der fertigen Einkaufsliste in den Baumarkt. Allgemein ist darauf zu achten, qualitativ gutes Material und Werkzeug zu kaufen, um später ein einwandfreies Ergebnis zu erzielen. Geringfügige Einsparungen am Arbeitsmaterial machen sich nämlich bei der späteren Ausführung bemerkbar.
Wenn alles zusammen ist, geht's los. Dabei gilt: Immer ohne Zeitdruck arbeiten und – auch wenn kleine Schwierigkeiten auftreten – weitermachen und an das positive Endergebnis denken. Am Ende steht die Anerkennung der eigenen Leistung durch Familie und Freunde, sowie der Stolz über das eigene Endergebnis.
Die Fortsetzung folgt – vielleicht demnächst auch in Ihrem Zuhause?

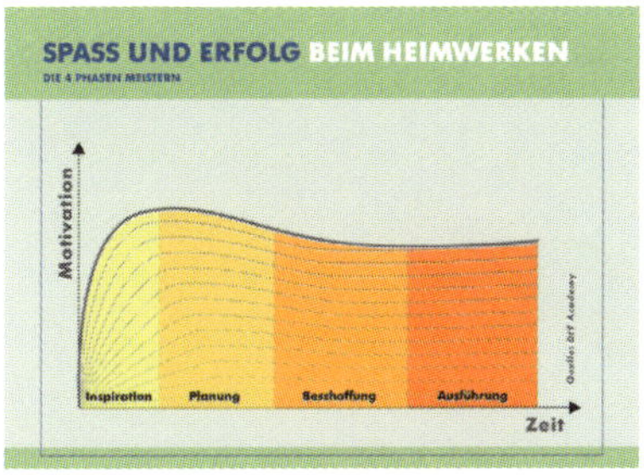

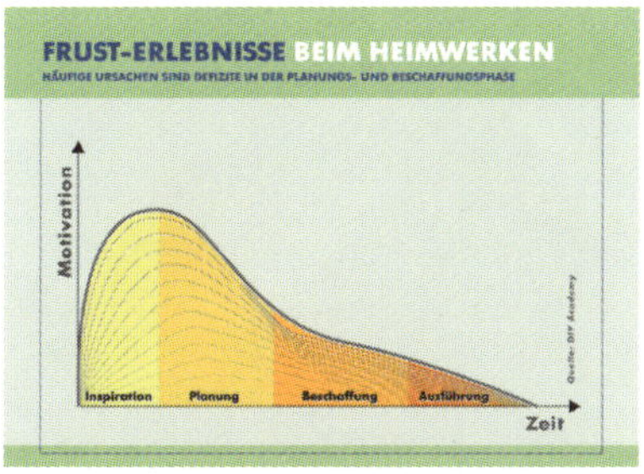

Info: DIY Academy, www.diy-academy.eu

Auf der beigelegten DVD zeigen wir Ihnen noch einmal Schritt für Schritt, wie Sie beim Bau von Kleinmöbeln aus Holz vorgehen sollten – beispielhaft erklärt anhand einer praktischen Tisch-/Kistenkombination, für die es sicher auch bei Ihnen ein Plätzchen gibt. Sägen, bohren, schleifen und lackieren, alles wird erklärt und lässt sich selbstverständlich auch auf andere Modelle in diesem Buch übertragen. Kurz und knapp das Wichtigste lautet unsere Devise – und der Spaß darf beim Arbeiten natürlich auch nicht zu kurz kommen. Die einzelnen Unterpunkte in den Kapiteln erreichen Sie ganz einfach durch Vorwärtsklicken!

Viel Spaß beim Sägen und Hämmern!

Material und Planung

- Jeder kann heimwerken
- Kleine Materialkunde
- Planung mit Skizze

Möbelbau

- Ausmessen und Sägen
- Gehrungsschnitt
- Dübellöcher markieren und bohren
- Zusammenbau der Einzelteile
- Deckel, Unterbau und Innenfächer

Gestalten mit Farbe

- Spachteln, schleifen und grundieren
- Gestaltung mit Farbe
- Variationsmöglichkeit